RELATIONS ET COMMUNICATIONS INTERPERSONNELLES

Les topos

Psychologie

Psychologie sociale et relations intergroupes, A.-E. Azzi, O. Klein
L'identité sociale, L. Baugnet
L'entretien clinique, H. Bénony, K. Chahraoui
Les méthodes d'évaluation de la personnalité, J.-L. Bernaud
Tests et théories de l'intelligence, J.-L. Bernaud
Les représentations sociales, C. Bonardi, N. Roussiau
Introduction à la sociolinguistique, H. Boyer
Psychopathologie de l'enfant, M. Boubli
Psychanalyse et méthodes projectives, C. Chabert
Les psychothérapies de groupe, J.-B. Chapelier
L'observation clinique, A. Ciccone
La psychologie clinique interculturelle, F. Couchard
Éduquer l'intelligence, J.-C. Coulet
L'examen psychologique de l'enfant à la période de latence (6-12 ans), R. Debray
Le développement du langage, A. Florin
Les métiers de la psychologie, R. Ghiglione
Psychologie sociale et évaluation, G. Guingouain
Introduction à la psychologie, A. Lieury
L'identité sexuée, G. Le Maner-Idrissi
Relations et communication interpersonnelles, E. Marc, D. Picard
Introduction à la psychopathologie, J. Ménéchal
Qu'est-ce que la névrose ?, J. Ménéchal
Histoire de la psychologie, S. Nicolas
La mémoire, S. Nicolas
Les troubles psychiques à l'adolescence, F. Richard
La communication sociale, M.-L. Rouquette
Pour introduire la psychologie clinique, E. Schmid-Kitsikis
L'évaluation psychologique des très jeunes enfants (0-6 ans), C. Tourrette
Le développement social de l'enfant (du bébé à l'enfant d'âge scolaire), C. Zaouche-Gaudron

Edmond Marc
Dominique Picard

RELATIONS ET COMMUNICATIONS INTERPERSONNELLES

DUNOD

Conseiller éditorial pour cet ouvrage :
Gustave-Nicolas Fischer

ISBN 2 10 004015 4

Sommaire

Chapitre 3
Le lien affectif

Chapitre 4
Analyser les communications interpersonnelles

Chapitre 5

Comprendre la dynamique psychologique relationnelle

Chapitre 6

Dynamique de la communication : enjeux et stratégies

Chapitre 7
Les problèmes de communication

Avant-propos

Les relations interpersonnelles sont une dimension essentielle de notre existence. Il suffit d'évoquer les relations familiales, l'amour, l'amitié, les relations de travail pour constater qu'elles structurent et nourrissent notre vie quotidienne. Elles sont en même temps la source la plus importante de nos émotions et de nos sentiments les plus profonds.

Elles apparaissent fondamentales pour notre sensation de bien-être, pour notre équilibre psychique, pour notre santé. De nombreuses enquêtes montrent que la pauvreté des relations et la solitude sont les raisons fréquentes de tendances dépressives, d'idées noires, de sentiments d'échec et de dévalorisation. Les gens vivant en couple se disent plus heureux que les gens seuls ; et les événements positifs le plus souvent cités par les sujets sont : « faire connaissance », « se faire de nouveaux amis », « tomber amoureux »…

Il n'est pas étonnant, dans ces conditions, que les relations interpersonnelles représentent un des thèmes centraux les plus constants et les plus féconds de la psychologie (aussi bien de la psychologie sociale que de la psychologie du développement ou de la psychologie clinique).

C'est un domaine très riche et en même temps hétérogène ; car il est constitué de la juxtaposition d'un très grand nombre de travaux d'inspirations et d'orientations les plus diverses. Les uns portent sur l'attraction, les affinités ou sur la perception d'autrui ; les autres sur le couple ou la famille ; d'autres se centrent sur un type particulier de relation : l'amitié, l'amour, les relations parents/enfants, les relations de travail… ; d'autres sont axés autour de la communication et de l'interaction sociale ; d'autres encore s'attachent aux aspects cliniques et pathologiques de la relation…

Faire la synthèse de tant de recherches est une véritable gageure. Il s'en ajoute une autre : les relations interpersonnelles sont de natures très variées. Si l'on prend l'exemple du cadre familial, on peut distinguer ainsi les rapports à l'intérieur du couple parental, les relations entre parents et enfants (en différenciant, d'ailleurs, les rapports mère/enfants et père/enfants), les rapports au sein de la fratrie, avec les grands-parents et la parenté élargie… Et il en est ainsi dans chaque domaine spécifique. Alors parler des « relations » en général devient vite simplificateur ; mais vouloir faire un inventaire exhaustif de toutes les formes de relation est tout aussi périlleux. Dans ces conditions, aborder les relations interpersonnelles implique nécessairement qu'on définisse des orientations et que l'on fasse des choix.

Il nous a semblé impossible de présenter dans cet ouvrage les résultats de toutes les recherches menées sur ce thème : cela aurait conduit à une énumération incohérente et fastidieuse. De même, nous n'avons pas cherché à décrire systématiquement les différents types de relations : nous risquions d'être contraints à des généralisations hâtives (comme de parler d'« amour » quand il existe de multiples formes de relations amoureuses) ; ou, au contraire, de nous perdre dans des subdivisions infinies.

Nous avons préféré présenter un ensemble cohérent d'outils, de concepts et d'approches théoriques qui permettent de décrire, d'analyser et de comprendre n'importe quelle forme de relation. Notre choix a donc été de privilégier une perspective conceptuelle « généraliste ». Cependant, pour éviter l'écueil d'une abstraction un peu aride, nous avons cherché, de manière assez systématique, à illustrer chaque concept ou chaque élément théorique par des recherches particulières ou des exemples concrets. Ces illustrations, prises dans des domaines variés, nous ont permis de mettre en scène différents types de relations.

Indiquons une autre option. Une psychologie des relations interpersonnelles tend à articuler trois niveaux : le niveau intrapsychique des mécanismes et dimensions de personnalité impliqués dans la relation et la communication à autrui ; le niveau interactionnel de la structure relationnelle et de sa dynamique ; enfin, le niveau social des situations, des statuts, des rôles, des normes, des modèles culturels et des rituels d'interaction. Sans négliger le premier et le troisième, nous nous sommes centrés surtout sur le second : nous avons, par exemple, consacré plusieurs chapitres à la « communication », donc à la dimension interactive de la relation.

D'un point de vue terminologique, nous avons distingué « relation » et « communication » ; car, même si les deux aspects sont étroitement liés, ils ne se confondent pas. La notion de *relation* désigne la forme et la nature du lien qui unit deux ou plusieurs personnes : on parle ainsi de relations familiales, professionnelles, amicales, de voisinage... Elle implique aussi une relative stabilité : toutes les relations mentionnées s'inscrivent dans une certaine durée et se distinguent des contacts éphémères où le lien ne survit pas à la rencontre. Cependant, si elle suppose une fréquentation régulière, la relation subsiste même si les intéressés ne sont pas en présence (une amitié peut perdurer même en cas de séparation prolongée). Elle constitue donc un lien subjectif en même temps qu'objectif.

La *communication*, elle, est le rapport d'interaction qui s'établit lorsque les partenaires sont en présence (bien sûr, le téléphone ou le courrier peut y suppléer). C'est à travers elle que la relation se constitue, se développe et évolue ; elle représente donc la dimension dynamique du lien. Il n'y a pas de relation sans communication, même si elle peut s'en passer pour un temps déterminé.

Nous envisageons successivement ces deux perspectives sur le lien interpersonnel. Notre démarche procède donc en deux étapes : la première partie (chapitres 1 à 3) est centrée sur la relation et s'efforce d'en situer la nature et les formes au regard du contexte, de l'espace et du temps ; d'en analyser la structure à partir d'une perspective systémique sur le rapport de places ; et d'explorer sa dimension affective en se penchant sur l'attraction, le choix et l'intersubjectivité.

La seconde partie (chapitres 4 à 7) concerne essentiellement la communication interpersonnelle. Elle présente les différentes notions et mécanismes qui permettent de comprendre sa structure et sa dynamique. Elle aborde les enjeux qui la sous-tendent et les stratégies qui l'animent. Elle n'esquive pas, enfin, les problèmes et les difficultés que soulèvent relations et communications.

Au terme de ce parcours, le lecteur, nous l'espérons, disposera des outils et des démarches nécessaires pour pouvoir analyser et comprendre les différentes dimensions des relations interpersonnelles les plus diverses.

Chapitre 1

Nature et formes de la relation

Même si l'on aime sa mère autant que sa meilleure amie, on ne l'aime pas de la même façon. Même si l'on se dit « très intime » avec un voisin de pallier, cette intimité-là n'est pas tout à fait celle qu'on a avec un frère, un cousin ou un copain d'enfance. Même si je vois plus souvent mes collègues de bureau que mes amis, ceux-ci me sont sans doute plus proches que ceux-là. Et parmi tous mes amis, il y a ceux auxquels je choisis de me confier, ceux avec lesquels j'aime sortir et m'amuser, ceux avec lesquels je préfère faire équipe pour travailler…

Les relations sont donc des phénomènes complexes et différenciés, de nature et de formes très variées. On peut néanmoins essayer de montrer comment elles se structurent à partir de facteurs comme le contexte physique, culturel et social de la rencontre, la distance et le temps…

En effet, toute relation peut être appréhendée à trois niveaux :

– il y a le niveau immédiat de la *rencontre* « ici et maintenant », niveau observable à partir des interactions qui se déroulent entre les protagonistes et qui entraînent une certaine « définition de la relation » (*cf.* chapitre 2), une certaine distance psychologique entre eux et une certaine forme de contact ;
– mais cet aspect actuel est, bien entendu, influencé par les expériences passées. La rencontre se situe dans une *dynamique temporelle* où le présent s'inscrit dans un avant et un après. Il est d'abord la continuation d'une relation antérieure (ou d'autres relations similaires). Si je vois par exemple un ami, je sais, à partir de tout ce qui s'est passé entre nous

depuis que l'on se connaît, quelles sont les caractéristiques de notre relation ; je sais que, lors de notre dernière rencontre, nous nous sommes un peu disputés (nous n'avons pas tout à fait les mêmes orientations politiques) et j'aimerais bien que cet incident soit dépassé. J'ai donc des attentes et des anticipations quant à l'avenir de notre relation qui vont, elles aussi, influer sur la rencontre. Cependant, mes propres attitudes et motivations vont entrer en interaction avec celles de mon ami, que je ne connais pas complètement ; il y a ainsi une dimension d'imprévu dans la rencontre qui répond à une dynamique propre à l'interaction, dynamique que chacun des protagonistes ne maîtrise pas complètement ;

– en même temps, la rencontre actuelle est influencée aussi par le *contexte* dans lequel elle se déroule. Elle ne sera pas la même, pour poursuivre notre exemple, si je vois mon ami en tête-à-tête dans un café ou si nous sommes ensemble dans une soirée où d'autres personnes sont présentes. Cette dernière situation ne permettra peut-être pas la même « franche explication » que le tête-à-tête.

I. LE CONTEXTE

Le contexte ne constitue pas seulement un simple environnement dans lequel la relation se déroulerait. En tant qu'il est porteur de normes relationnelles, de codes de communication, de rituels d'interaction, il exerce un effet fortement structurant sur la relation.

On peut distinguer plusieurs dimensions constituantes du contexte : le cadre, la situation, l'institution.

Le *cadre* est formé par les éléments physiques et temporels qui servent de « décor » à l'interaction. Mais ces éléments n'ont pas uniquement un impact matériel ; ils sont porteurs aussi de significations culturelles et symboliques. Prenons l'exemple d'une « boîte de nuit ». Le cadre (lumière feutrée, proximité des tables, musique, piste de danse…) favorise un certain style de relations. L'aspect nocturne du lieu a une signification particulière dans l'imaginaire des « noctambules » ; c'est un temps qui s'oppose à celui des activités diurnes. Il revêt des connotations de temps festif, permissif, voire même transgressif où les relations sont plus libres et plus sexualisées.

De fait, dans une boîte de nuit, il est plus facile d'aborder des inconnus ; la danse autorise un contact corporel qui peut, très vite, être teinté de sensualité (la communication non verbale prime sur l'échange verbal). Même si le contact est ritualisé, il favorise, si les interactants le souhaitent, un passage rapide à l'intimité (ceux qui fréquentent les boîtes de nuit savent que la « drague » y est « normale »). On constate donc que ce lieu est porteur de significations symboliques, de normes relationnelles, de codes et rituels d'interaction qui favorisent un certain style de relations.

Prenons maintenant un autre cadre : un « amphi » d'université. La communication y est fortement centrée sur l'enseignant vers qui tous les regards convergent ; la disposition matérielle de l'espace privilégie une relation à sens unique enseignant/étudiants (même si les étudiants peuvent développer des échanges parallèles et « non autorisés » avec leurs voisins immédiats). Les normes « officielles » sont : l'écoute, la prise de notes et l'intervention ponctuelle à la demande de l'enseignant. La relation verbale, cognitive et intellectuelle est privilégiée. Imaginons que ce soient les mêmes étudiants qui fréquentent ces deux cadres : ils n'y auront pas du tout les mêmes relations.

Le contexte est aussi constitué par la *situation* d'interaction. Il s'agit en quelque sorte du « scénario » qui définit et organise les relations (un cours, une réunion de travail, une partie de cartes, un anniversaire, une cérémonie religieuse…). Un même cadre peut autoriser plusieurs situations (un appartement peut abriter un repas familial, un dîner amical, une réunion de copropriétaires…). La situation définit les enjeux de la rencontre, les participants « légitimes » (ceux qui sont appelés par la situation), les rôles tenus par chacun, les thèmes et les codes de l'échange (on n'aborde pas les mêmes sujets à un enterrement ou à un mariage), la tenue requise (on ne s'habille pas pour une soirée comme on s'habille pour aller travailler).

Enfin, un autre élément du contexte est l'*institution* dans laquelle s'inscrivent le cadre et la situation (l'institution scolaire, la famille, l'entreprise, l'Église…).

Chaque institution est porteuse de certains types de rapports (par exemple, les relations familiales sont des relations peu formelles, plutôt intimes où les communications peuvent être intermittentes...) ; elle suppose aussi des styles relationnels (en général, les membres d'un même syndicat se tutoient...) et des règles interactionnelles (dans une entreprise, les modes relationnels obéissent souvent à l'ordre hiérarchique statutaire...).

On voit que le cadre, la situation et l'institution se renforcent mutuellement pour déterminer en profondeur les relations qu'ils tendent à favoriser ; en même temps, ils s'inscrivent eux-mêmes dans un environnement culturel et social qui donne à chaque contexte sa coloration spécifique (les relations dans une famille bourgeoise ne sont pas les mêmes que dans une famille paysanne...).

II. LA RELATION ET LA DISTANCE

La nature de la relation dépend en grande partie de la *distance* qui existe ou s'instaure entre les partenaires. Sous cet aspect, on peut l'inscrire sur un axe allant de l'« éloignement » à la « proximité ». Le terme de « distance » (comme d'ailleurs ceux d'« éloignement » et de « proximité ») a une double signification : il peut être compris aussi bien dans le sens de l'espace physique qui sépare les interlocuteurs que dans celui, plus « psychologique », concernant le degré de familiarité qui les réunit.

1. La distance physique

La distance physique influe, bien sûr, sur la relation. Il suffit pour s'en convaincre d'écouter les récits des prisonniers de droit commun entassés dans des cellules minuscules ou ceux des conjoints que leurs professions obligent à vivre séparés. Les premiers expliquent comment la haine peut s'instaurer entre des êtres à la vue et à l'odeur desquels on ne peut échapper. Les seconds parlent de leurs difficultés à traduire leur tendresse avec la seule aide des mots d'une lettre ou d'une communication téléphonique, sans l'appui des regards, des gestes et des silences que l'on partage côte à côte.

L'éloignement physique est souvent ressenti comme incompatible avec l'entretien d'une affection : « Loin des yeux, loin du cœur » dit le proverbe. Mais une trop grande proximité, comme dans un ascenseur, peut rendre aussi la communication difficile.

On a montré que des corrélations assez fortes existaient entre le type de relation qu'entretiennent des individus et la distance physique (ou « distance interpersonnelle ») qui s'instaure entre eux lorsqu'ils entrent en communication. Ainsi, non seulement on se tient plus près d'une personne lorsqu'on est intime avec elle, mais on se rapproche plus de quelqu'un qu'on sent proche de soi, quelle que soit la nature de cette « proximité » : quelqu'un qui a les mêmes opinions que soi, ou qui est du même sexe, ou qui a un statut similaire au sien. Bien sûr, ces normes sont fortement influencées par la culture et l'on note des différences significatives d'une société à l'autre ; ainsi, lors d'une conversation avec un familier, les Arabes se tiennent plus rapprochés que les Américains du Nord (*cf.* E. T. Hall, *La Dimension cachée*, Paris, Le Seuil, 1971).

2. La distance « psychique »

Sous cet aspect, ce qui caractérise l'« éloignement » ou la « proximité » peut être de deux ordres : tenir au degré d'interconnaissance ou manifester l'orientation mutuelle des attitudes. Dans le premier cas, la relation s'inscrira dans une polarité « familier/inconnu ». Dans le second, c'est le degré de « convergence » ou de « divergence » qui déterminera la nature de la relation.

- **« Familiers » et « inconnus »**

Le « familier » est celui qui partage notre vie quotidienne. L'« inconnu », c'est celui qu'on rencontre à l'improviste ou que l'on côtoie de façon fugitive, sans rien savoir de lui. On ne peut donc pas vraiment parler de « relation » entre inconnus, tout au plus de « rencontre ». Cependant, entre le familier et l'inconnu, il y a les différents degrés de « connaissances » : les gens sur lesquels on sait un peu ou beaucoup de choses ; que l'on croise quotidiennement tout en gardant une certaine distance (la gardienne de l'immeuble, le boulanger du coin, les voisins de quartier...).

Moins on se connaît, plus les relations qu'on entretiendra seront généralement conventionnelles, ritualisées et sous-tendues par des représentations stéréotypées : on accordera de la déférence et du respect aux parents de nos amis parce qu'on nous a appris à nous comporter de cette façon avec les personnes âgées, sans distinction ; on s'écartera d'un homme ivre dans le métro parce qu'on associe alcoolisme et violence...

La communication avec un inconnu peut générer un malaise si elle n'est pas suscitée par un motif légitime (demander son chemin, commenter un incident, rendre un menu service...). Ne pouvant toujours nous situer par rapport à lui et évaluer ses intentions, on hésite sur le comportement à adopter (doit-on l'accueillir gentiment ou ignorer ses tentatives de communication ?) ; on se cantonne souvent dans un prudent « juste milieu ».

Les relations avec les familiers sont au contraire obligées (ignorer quelqu'un que l'on connaît est ressenti comme une offense). L'archétype du familier est sans doute représenté par les membres de sa famille. Mais on peut aussi leur adjoindre les amis avec lesquels on partage sans façons les confidences, les repas ou les week-ends. D'une certaine façon, les gens avec lesquels on travaille, les habitants de notre immeuble, de notre quartier ou de notre village appartiennent aussi à cette catégorie ; cela dépend cependant du degré de convivialité que l'on entretient avec eux, variable selon le contexte (dans une grande ville, les relations sont beaucoup plus distantes avec les voisins que dans un village).

Toutes les formes de familiarité ne sont pas équivalentes ; il existe entre elles des différences de natures, de niveaux et de degrés : l'antériorité de l'expérience commune (incluant ou non la petite enfance, par exemple) ou le cadre (familial, professionnel, scolaire...) dans lequel elle s'est cristallisée impliquent des relations spécifiques. Ainsi, l'intimité qui s'instaure avec un conjoint ou un frère est en général plus profonde que celle qu'on a avec un voisin ou un collègue, même de longue date ; et la solidarité entre voisins sera d'autant plus forte qu'une menace planera sur la communauté : mauvaise réputation du quartier ou isolement du village.

Chaque cadre possède ses caractéristiques propres qui influent sur la nature des relations entre familiers. Celles qui s'établissent entre les membres d'une même famille, par exemple, seront différentes selon que l'on considère les relations père-mère, parents-enfants, frères-sœurs, etc. Ainsi, la psychanalyse fonde les relations d'une fratrie sur la rivalité et le désir fondamental de chaque enfant de monopoliser pour lui seul l'amour des parents. (*cf.* Y. Castellan, *Psychologie de la famille*, Toulouse, Privat, 1993). Dans une autre optique, l'approche systémique montre que chaque famille secrète ses propres règles interactives qui définissent la nature et la structure des relations entre les membres. C'est ce que le thérapeute américain Don D. Jackson, membre de l'École de Palo Alto, appelle le *quid pro quo* familial (c'est-à-dire ce que chacun donne pour recevoir autre chose). Ainsi, dans une famille, le père peut laisser à la mère toute l'autorité sur les enfants, en échange de quoi, il attend de sa part qu'elle le décharge de toutes les tâches et les responsabilités concernant leur éducation (*cf.* P. Watzlawick et J. Weakland, *Sur l'interaction*, trad., Paris, Le Seuil, 1981).

Malgré ces différences, il est possible de déterminer les caractéristiques qui spécifient les relations avec les familiers et les opposent aux relations avec les inconnus.

C'est d'abord une certaine décontraction dans les rapports interpersonnels, dans laquelle les rituels eux-mêmes portent la marque de la proximité : on se tutoie, on s'embrasse, on s'emprunte des objets personnels avec le minimum de façons (« je te pique un instant ton stylo… »).

C'est ensuite le sentiment d'avoir une connaissance immédiate de l'autre parce qu'on a le même environnement culturel et la même expérience. Chaque famille, par exemple, possède son lot d'habitudes, de traditions ou de plaisanteries qui constituent un terreau commun sur lequel chacun des membres a développé sa propre « identité » tout en se sentant un peu « identique » aux autres. Cette sensation d'avancer dans un univers connu, sans surprise, crée souvent le sentiment rassurant d'être protégé. C'est sans doute pourquoi, dans des situations difficiles (un divorce, une maladie grave, un licenciement, une mise à la retraite...), certaines personnes reviennent vivre dans leur village d'origine ou à proximité de leur famille.

La familiarité entraîne aussi souvent une certaine forme de solidarité « aprioriste » ou « systématique » envers les familiers. C'est ainsi qu'un professeur évitera de critiquer un de ses collègues devant des élèves ou leurs parents, même s'il le désapprouve. De même, les « jeunes des cités » peuvent se mobiliser lorsque l'un d'entre eux est incarcéré, même si, par ailleurs, ils condamnent sa conduite. Cela s'explique par le fait que la familiarité et le sentiment de similitude qu'elle engendre favorisent l'inter-identification : attaquer un de mes familiers, c'est, d'une certaine façon, s'en prendre à mon identité. Le défendre, c'est un peu me défendre moi-même.

- **« Convergence » et « divergence »**

« Aimer, écrit l'écrivain Antoine de Saint-Exupéry dans *Terre des hommes,* ce n'est pas se regarder l'un l'autre, c'est regarder ensemble dans la même direction. » L'amour, l'alliance, l'harmonie, la positivité des liens dans la relation, sont souvent associés à la convergence, alors que la divergence n'engendrerait que des tensions. Avant de vérifier ou nuancer cette conception, il convient d'abord de se pencher sur les termes eux-mêmes. Car la « convergence » ou la « divergence » entre des individus s'exerce à différents niveaux et traduit des réalités différentes qui n'ont pas toujours le même impact sur l'évolution d'une relation interpersonnelle.

Si l'on se situe, par exemple, *au niveau des affinités*, l'opposition « convergence/divergence » va se jouer sur une gamme allant de l'« attirance » à la « répulsion » et qui va influencer fortement la nature d'une relation. Généralement, l'attirance la crée ou la renforce, alors que la répulsion l'empêche ou la rompt. Pour que cela ne soit pas, il faut qu'il y ait quelque part une obligation à aller dans un sens différent ; ou bien qu'il existe des sentiments ambivalents. Les romans populaires et le cinéma grand public exploitent souvent ce genre de situation : des amants chez qui la passion mêle l'attirance et le rejet ; un déporté politique que l'on enchaîne, au bagne, avec un assassin ; deux militaires que tout oppose, mais qui se retrouvent dans le feu du combat…

Le *niveau des sentiments* est, lui aussi, fortement affecté par le degré de convergence ou de divergence. Car, ici, la convergence s'appelle « ouverture », « sympathie » ou « amour » et la divergence « fermeture », « antipathie », voire « haine ». Dans ce cas, plus la convergence sera grande, plus la relation sera forte ; plus la divergence sera puissante, plus la relation sera distante.

La situation est moins nette lorsqu'on atteint le *niveau des opinions.* Ici, la distance se traduit par le fait d'être plus ou moins en accord ou en désaccord avec quelqu'un : avoir ou non les mêmes goûts, rechercher la fréquentation des mêmes personnes ou pas, partager la même idéologie dans ses choix politiques ou religieux ou s'opposer l'un à l'autre… À ce niveau, la divergence est un facteur de discorde, mais elle ne remet pas forcément en cause l'existence ou la force du lien. C'est ce que montre l'existence de couples religieux « mixtes » (musulman et catholique, juif et athée…) ; les amitiés d'enfance qui perdurent malgré des choix politiques opposés ; ou tout simplement les divergences concernant l'éducation des enfants qui, peu ou prou, se manifestent probablement dans chaque couple. En fait, la convergence d'opinion n'est ressentie comme indispensable que lorsque l'opinion en question s'apparente à une « valeur » sur laquelle l'un au moins des partenaires a fondé son identité : c'est ainsi que celui qui organise sa vie autour de son statut de « militant politique » pourra difficilement se lier à ceux qui sont identifiés comme des « adversaires » ; et le croyant « intégriste » épousera difficilement quelqu'un d'une autre religion que la sienne.

Au *niveau des intérêts*, la convergence devient de la « coopération » et la divergence de la « compétition ». La première entraîne généralement la proximité ; la seconde implique une certaine distance. Mais, là aussi, l'harmonie ou la dysharmonie ne sont pas obligatoirement impliquées par la convergence ou la divergence des intérêts. Cela dépend beaucoup du contexte dans lequel elles s'exercent. La coopération, par exemple, n'est ressentie positivement que si elle est choisie et source de progrès ou de succès : des étudiants, placés arbitrairement « en groupe » par leur professeur pour composer un « dossier », peuvent ressentir leur coopération obligatoire comme un frein à leur performance. Inversement, des sportifs placés de fait en situation de compétition lors d'un tournoi peuvent éprouver de l'estime, de l'admiration, voire même de l'amitié pour leur adversaire sans pour autant perdre de leur agressivité sur le terrain.

Au *niveau des positions*, la polarité « convergence/divergence » s'actualise dans l'opposition « consensus/conflit » qui influence fortement l'importance de la distance entre les protagonistes. Souvent, l'harmonie ou la dysharmonie découlent de cette distance, même si la relation perdure. Ainsi les thérapeutes familiaux rencontrent fréquemment le cas de couples dont la relation s'est cristallisée dans une lutte de pouvoir, dont les membres se déchirent mutuellement, dont la vie se résume à une suite de « scènes de ménage », mais qui n'envisagent pourtant pas la séparation.

L'observation montre que, bien souvent, ces différents niveaux ont tendance à se corréler. Ainsi, lorsque deux individus sont en compétition (pour une promotion, par exemple), ils entrent facilement en désaccord (défendent des options différentes dans les réunions de travail) ; ce qui engendre des conflits auxquels font écho des sentiments de rejet et d'antipathie. De même, lorsqu'on aime quelqu'un, on a tendance à adopter ses opinions et à vouloir coopérer avec lui. Satisfaction, harmonie et convergence sont donc profondément associées. On retrouve ici certaines conclusions des travaux du psychosociologue américain Fritz Heider (*The Psychology of Interpersonal Relations*, New York, Wiley, 1958) sur le besoin d'« équilibre » dans les relations interpersonnelles (terme qui s'apparente étroitement à ce que nous avons nommé convergence).

Selon lui, une relation comporte deux dimensions : l'« attitude » (positive ou négative) et l'« union » (similarité, proximité, association… et leurs contraires). Il y a « équilibre » si toutes les attitudes que l'on a envers une personne vont dans le même sens, ou bien si une relation d'union relie des sujets ayant les mêmes attitudes ou maintient à distance des sujets ayant des attitudes différentes (comme lorsqu'on coopère avec quelqu'un qu'on aime bien, ou qu'on vit loin d'une famille qu'on ne supporte pas). L'hypothèse de F. Heider est que lorsqu'une relation est ressentie comme déséquilibrée, les partenaires auront tendance à en modifier les paramètres pour l'amener à un état d'équilibre : si Mélanie n'aime pas les matchs de foot (le passe-temps de Jacques), ils peuvent décider de se voir moins souvent ou, s'ils tiennent vraiment l'un à l'autre, d'aller plutôt au cinéma qu'ils apprécient tous les deux.

III. LA RELATION ET LE TEMPS

La relation interpersonnelle s'inscrit dans une triple temporalité.

– Il y d'abord la temporalité propre à chaque sujet. Comme nous le notions plus haut, notre façon d'entrer en relation est influencée par nos expériences passées. La psychanalyse a montré, par exemple, comment les expériences relationnelles de la petite enfance, telles qu'elles sont subjectivement vécues, marquent durablement les modes relationnels ultérieurs : si un enfant n'a pas été désiré par ses parents, s'il a fait l'objet d'un rejet (même inconscient) de la part de sa mère, il peut par la suite fuir la relation, s'enfermer dans l'isolement ou avoir, au contraire, une demande relationnelle et affective très forte qui risque d'effrayer ceux sur qui elle se fixe. C'est une dimension que l'on peut analyser à travers la notion de *transfert* dans le sens où elle désigne la répétition dans les relations présentes des prototypes relationnels de la petite enfance. Mais, à chaque moment de notre existence, nos expériences relationnelles, heureuses ou malheureuses, influent sur nos relations ultérieures (ainsi, on peut constater qu'après un divorce, beaucoup hésitent à se réengager dans un nouveau mariage ; même si d'autres veulent au contraire « tourner la page » et effacer, en quelque sorte, cet échec par une nouvelle relation).

– Il y a ensuite la temporalité de la relation elle-même : chaque relation, quelle que soit sa nature, a un commencement, un déroulement et une fin. Et, à chacune de ces étapes, elle a certaines caractéristiques. Ainsi la relation amoureuse peut commencer par une phase passionnelle où le partenaire est idéalisé, fortement investi affectivement et sexuellement ; s'ensuit une phase plus « assagie » où le couple fait l'expérience de la vie quotidienne et de la durée ; et le couple se défait souvent lorsque l'attirance sexuelle diminue, lorsque la relation est désinvestie ou lorsque les contrariétés, l'ennui ou l'indifférence finissent par l'emporter (*cf.* J. Lemaire, *Le Couple, sa vie, sa mort*, Paris, Payot, 1979). De même, il y a une dynamique évolutive propre à chaque forme de relation (amicale, professionnelle, familiale...), dynamique qui n'est pas toujours prise en compte dans les recherches consacrées à ces formes de relation.

– Enfin, il y a une temporalité propre à la rencontre elle-même, la façon dont elle s'inscrit dans une structuration du temps pour chaque interactant. C'est ce dernier aspect que nous allons aborder maintenant.

1. Temps « social » et temps « psychologique »

Le temps, comme l'exprime fort bien le sociologue Roger Sue, « est l'instrument indispensable à notre communication, à nos rencontres, c'est le lien social par excellence » (*Temps et Ordre social*, Paris, PUF, 1994, p. 18). On peut le montrer de beaucoup de manières. Inviter quelqu'un à partager son repas, par exemple, prend un sens différent selon le moment de la journée choisi pour cela : une rencontre à « dîner » dénote souvent plus de solennité que le partage d'un « déjeuner ». Dans un autre domaine, on remarque qu'une certaine intimité peut naître entre un cadre et ses collaborateurs par le simple fait qu'ils se retrouvent chaque jour. Ou bien encore, si mes activités personnelles me laissent trop peu de temps à consacrer à mes amis, à ma femme ou à mes enfants, je risque de perdre le contact avec eux et, par là même, la relation peut se distendre...

Pourtant, ce « temps » si important n'a pas d'existence objective ; il est un objet « construit ». Certes, nous pouvons le mesurer (en heures, minutes ou années...), mais cela ne nous renseigne que sur sa « grandeur », pas sur sa « nature ». La « réalité » du temps est subjective et indissociable de la façon dont il est vécu : une heure avec un ami peut passer très vite, alors que dix minutes face à un examinateur peuvent sembler interminables.

Les conceptions du temps relèvent en grande partie de normes culturelles ; les sociologues et les anthropologues (d'Émile Durkheim à Edward T. Hall, en passant par Marcel Mauss, Georges Gurvitch ou Maurice Halbwachs) sont les plus nombreux à s'être penchés sur ce phénomène. Ils ont montré, par exemple, qu'un retard de plus de quelques minutes est considéré comme « normal » (voire même « attendu ») dans les cultures méditerranéennes, alors qu'il sera interprété comme une incorrection dans la culture anglo-saxonne. Cependant, même chez nous, une heure de rendez-vous sera considérée comme précise dans le cas d'un rendez-vous d'affaire, et approximative pour des retrouvailles sur la plage en vacances.

La perception que l'on a du temps dépend aussi de facteurs internes, plus « psychologiques », propres à chaque individu, à la façon dont il le vit. Ainsi, nous connaissons tous ces « angoissés du temps vide » qui ne supportent pas une minute de solitude ou ces « ours » qui sont vite fatigués par la présence d'autrui. Et un même individu peut vivre un retard d'une heure dans son emploi du temps comme une catastrophe ou une aubaine selon que cette heure éloigne un plaisir vivement espéré ou une corvée redoutée. Le temps « psychologique » joue un rôle très important dans la structuration des relations interpersonnelles. En effet, selon qu'on a l'impression de « perdre son temps » avec quelqu'un ou de « s'enrichir à son contact », on ne vivra pas le moment passé en sa compagnie de la même façon.

La vie sociale nous amène à « programmer » notre temps de diverses manières en fonction du type de relation qui nous unit à nos partenaires d'un moment. Cette programmation s'effectue à la fois à partir de besoins internes et personnels et à partir de règles sociales et culturelles. Pour en saisir la complexité, on peut s'appuyer sur la typologie que propose le psychiatre Eric Berne (fondateur de l'« analyse transactionnelle »).

2. Temps et relations interpersonnelles

Selon E. Berne, l'être humain est guidé et soutenu par trois grands types de besoins : l'« appétit de stimulus », l'« appétit de reconnaissance » et l'« appétit de structure ». Ces besoins constituent des motivations fondamentales pour entrer en relation avec autrui. Son contact nous apporte une stimulation cognitive (nous échangeons des informations, des opinions, des idées…) et une stimulation affective (nous partageons des émotions, nous satisfaisons des besoins affectifs et sexuels…) ; si bien que très souvent, l'isolement et la solitude – lorsqu'ils ne sont pas choisis – sont ressentis comme des sources d'ennui, de souffrance ou de privation insupportables. La relation répond aussi à un besoin de reconnaissance : la conscience que nous avons de nous-mêmes est largement médiatisée par le regard d'autrui ; ce regard influe profondément sur l'image et l'estime de soi ; c'est souvent à travers lui que nous recherchons une confirmation de ce que nous sommes. Enfin, « l'appétit de structure » nous conduit à « programmer » notre temps relationnel de façon à organiser notre « emploi du temps » et à obtenir, donner et échanger des stimulus et des signes de reconnaissance (*cf. Des jeux et des hommes*, trad., Paris, Stock, 1975).

Ce point de vue a amené E. Berne à catégoriser les relations interpersonnelles en fonction du degré d'engagement émotionnel et d'implication de soi que l'on met dans la relation et la communication :

> Quand on fait partie d'un agrégat social de deux personnes ou davantage, on a le choix entre plusieurs façons de structurer le temps. Par ordre de complexité, ce sont : 1) les rites, 2) les passe-temps, 3) les jeux, 4) l'intimité, 5) l'activité, qui peut donner matière à l'une quelconque des autres façons de structurer le temps.
>
> *Des jeux et des hommes*, p. 19.

L'« activité », c'est ce que l'on fait en commun comme un sport, des études, une activité professionnelle. L'« intimité » est le mode relationnel le plus satisfaisant ; l'engagement affectif et émotionnel y est le plus profond ; c'est une expérience gratifiante dans laquelle chacun se sent reconnu pour ce qu'il est ; mais pour y accéder, il faut être capable de s'ouvrir aux autres et de rencontrer des partenaires qui souhaitent s'ouvrir à vous.

Les passe-temps et les rites relèvent davantage d'une « programmation sociale », étant fortement influencés par des habitudes culturelles.

- **Les passe-temps**

Comme leur nom l'indique, les passe-temps servent essentiellement à « structurer un certain laps de temps » avec des gens que l'on connaît peu ou avec lesquels les relations sont peu impliquées (commerçants, collègues, voisins…). Il s'agit d'échanger avec eux suffisamment de signes de reconnaissance pour que personne ne se sente frustré ; mais ils « exercent la fonction supplémentaire d'être des moyens de sélection sociale » (*op. cit.*, p. 46) L'exemple le plus typique en est le « début de soirée » où les gens « font connaissance » et « testent » les invités pour savoir qui ils vont choisir comme partenaire privilégié. Divers thèmes sont alors abordés : les raisons qu'on a d'être là (« je suis le cousin de Bernadette »), la profession que l'on exerce, les films qu'on a aimés, les pays que l'on a visités, etc. Il y a dans ce domaine des habitudes culturelles : en Angleterre, on peut s'étendre longuement sur le temps qu'il fait sans lasser ses voisins ; aux États-Unis, on peut parler de ses succès financiers sans paraître fat ou grossier ; entre hommes, on peut « parler sport ou voiture » ; entre femmes, « chiffons » ou autres « lieux communs »… En fait, le passe-temps se pratique chaque fois que les circonstances ou la bienséance nous obligent à être en compagnie d'une personne qu'on connaît trop pour l'ignorer, mais trop peu pour avoir « quelque chose de personnel à lui dire » : une rencontre fortuite dans un lieu public ; un ami commun qui nous met en présence ; un déjeuner à la cantine avec de nouveaux collègues ; un dîner chez un copain et avec ses parents…

- **Les rituels**

Le rituel est défini par E. Berne comme « une série stéréotypée de transactions complémentaires simples, programmées par des forces sociales externes » (*op. cit.*, p. 38), c'est-à-dire par des règles de vie dictées par la culture. Cette définition rejoint à peu près celle qu'ont pu donner de lui les différents chercheurs qui l'ont étudié (*cf.*, notamment, E. Goffman, *Les Rites d'interaction*, Paris, Éditions de Minuit, 1974 ; les synthèses de J. Maisonneuve, *Les Conduites rituelles*, Paris, PUF, 1995 et de Cl. Rivière, *Les Rites profanes*, Paris, PUF, 1995). E. Berne accorde peu d'attention aux rituels, n'y voyant qu'un enchaînement d'actes stéréotypés vides de contenus et d'informations, servant à la rigueur de signes de reconnaissance (comme dans les salutations où le fait de dire « bonjour » à quelqu'un lui montre qu'on le reconnaît). Mais c'est là en avoir une vision réductrice car les rituels d'interaction exercent des fonctions très importantes dans les relations sociales :

– d'abord parce qu'ils les facilitent. Imaginons, par exemple, ce que serait notre vie si, à chaque rencontre, il fallait se poser la question : « Comment puis-je aborder cette personne pour qu'elle comprenne que je sais qui elle est, que j'ai envie de lui manifester mon respect (ou mon intérêt, ou bien ma peine ou ma joie devant les siennes...), et que je n'ai pas pour autant l'intention de m'immiscer dans son intimité ? » Il est plus simple de savoir que, pour être compris, il suffit de dire : « Comment allez-vous ? », « je vous présente toutes mes condoléances » ou « tous mes vœux de bonheur » ;

– ensuite parce que les rituels constituent des marques de reconnaissance plus subtiles et plus variées qu'on ne pourrait le croire. En effet, dans les salutations, par exemple, le rituel ne consiste pas seulement à montrer à quelqu'un qu'on l'a reconnu : le « bonjour » convenu s'étend sur toute une gamme qui va de la marque d'une grande familiarité (« bonjour mon chéri », « salut mon vieux ») à la déférence la plus marquée (« mes respects monsieur le Directeur », « mes hommages chère madame »). Ce qui montre non seulement qu'on a reconnu la personne en tant qu'individu, mais qu'on sait la position qu'on occupe auprès d'elle (celle d'« ami », de « simple relation », de « subordonné », etc.) et qu'on se situe vis-à-vis d'elle dans un certain « rapport de places » (*cf.* chapitre 2) ;

– à travers les échanges rituels, on se conforte aussi mutuellement dans nos identités et nos appartenances culturelles, ce qui confirme et consolide les liens. Cette dernière fonction du rituel se note particulièrement dans les situations où cette connivence n'existe plus : lorsqu'on est plongé, par exemple, dans une culture inconnue lors d'un voyage à l'étranger ou lors du mariage d'un ami appartenant à une religion qui nous est peu familière. On se sent souvent un peu perdu, gauche, mal à l'aise dans les relations. Et on peut voir alors combien la connaissance, la pratique et le partage des rituels sociaux nous défendent contre le ridicule, l'isolement ou même l'exclusion (*cf.* E. Goffman, *Les Rites d'interaction* ; D. Picard, *Les Rituels du savoir-vivre*, Paris, Le Seuil, 1995).

Les rituels jouent le rôle de systèmes de défense des individus et des groupes. Toutes les formes de relation sociale comportent une part plus ou moins grande d'actes ritualisés, parce que toutes les situations de rencontre risquent de mettre en péril notre identité et notre position sociale (*cf.* chapitre 5).

- **Les jeux**

Le terme de « jeu » désigne un type de relation plus manipulatrice dans lequel un individu qui a structuré son identité autour d'une certaine image (l'« éternelle victime », le « sauveur », « la séductrice »…) va conduire subtilement, et de façon plus ou moins consciente, ses partenaires à s'engager avec lui dans des relations qui l'amèneront à occuper la place désirée. Ainsi, l'« éternelle victime » se rend tellement odieuse qu'elle finit effectivement par se faire rejeter de tout de monde ; ou bien le « sauveur » est toujours prêt à venir « au secours de la veuve et de l'orphelin » et finit par sélectionner ses relations de manière à se trouver toujours dans ce rapport de places.

IV. RELATION DUELLE, RELATION PLURIELLE

Jusqu'à présent, nous avons traité la relation interpersonnelle sans tenir compte du nombre d'individus qui étaient en relation. Pourtant, ce paramètre a son importance et influence profondément la nature des relations entre individus.

1. De la « dyade » à la « triade »

Lorsqu'un couple héberge la mère de l'un de ses membres ou emmène un copain célibataire en camping, cela génère une perte d'intimité (ressentie plus ou moins fortement) et quelquefois des tensions. C'est qu'on ne passe pas innocemment d'une relation à deux (ou « dyade ») à une relation à trois (ou « triade »). La nature de la relation qui unit les protagonistes s'en trouve souvent profondément modifiée : une frustration risque de s'installer dans le couple ; une forme de gêne, nuancée de reproche, peut apparaître entre la mère et son enfant ; un certain agacement remplace parfois la délicieuse complicité qui existait entre les deux copains d'enfance ; ou bien c'est la femme qui, se sentant exclue, supporte mal cette complicité.

Au début du siècle, le sociologue allemand Georg Simmel a été l'un des premiers à attirer l'attention sur cet aspect des relations interpersonnelles. Dans une triade, explique-t-il, il y a toujours des moments où un désaccord apparaît entre deux de ses membres et fait naître un conflit plus ou moins important ; le troisième personnage y est alors impliqué et doit assumer un rôle de « tiers ». Si l'on reprend l'exemple d'un couple et de la mère, il peut arriver un moment où des tensions naissent et des disputes éclatent entre les conjoints – dues ou non à la présence de la belle-mère. Cette situation ne peut échapper à celle-ci et les jeunes gens ne peuvent faire abstraction de sa présence. Que tous le désirent ou qu'ils y résistent, elle va y jouer un rôle.

D'après G. Simmel, trois fonctions sont à la disposition du « tiers », celle de « médiateur », celle de *« tertius gaudens »* (ou « troisième larron ») ou celle de « despote » :

– le « médiateur » se situe entre les partenaires antagonistes ; il se veut neutre, tente de les calmer et de réduire les tensions. Il se situe alors en défenseur du groupe, empêchant les deux autres de le faire éclater par la rupture ou la tenue de propos « impardonnables ». Dans notre exemple, si un conflit éclate entre les conjoints au sujet de l'achat d'une nouvelle résidence, la mère pourra chercher à dépassionner le débat en le ramenant à des bases rationnelles ou des points d'accord ;
– le « troisième larron » cherche à tirer profit de la situation et se désintéresse des intérêts du groupe. Dans le conflit ci-dessus, la mère, qui se moque de vivre dans un appartement en centre-ville ou dans un pavillon à la périphérie (sujet de la dispute) mais accorde de l'importance au fait qu'elle puisse avant tout conserver ses trois chats, se contentera d'appuyer (y compris par ses économies) le projet de celui qui sera prêt à lui donner cette assurance ;

– enfin, le « despote » cherche surtout à provoquer ou attiser les conflits entre les deux autres pour servir ses desseins propres. Dans notre exemple, la mère, par un silence lourdement désapprobateur, des soupirs appuyés ou des remarques finement placées, va chercher à alourdir le climat de tension et en tirer argument pour justifier ses fréquents séjours au café du coin et empêcher qu'on lui en fasse le reproche.

Parmi les recherches qui se réclament de G. Simmel, on peut citer celles de l'Américain Theodore Caplow (*Deux contre un*, trad. Paris, ESF, 1984) qui a approfondi et théorisé le fonctionnement des triades en termes de conflits et de maîtrise du pouvoir. Pour conquérir ou conserver un pouvoir, toute triade a, selon lui, tendance à se diviser pour former une coalition à « deux contre un ». Celle-ci ne se forme pas au hasard mais dépend de deux paramètres : la répartition respective des forces (argent, armes, influence…) et la situation dans laquelle se trouvent les protagonistes. Sont-ils liés de façon permanente (comme les membres d'une même famille) ? Leur conflit est-il régi par des lois (comme dans un scrutin électoral) ? La coalition se forme-t-elle à contrecœur (dans un but agressif ou défensif) ? On peut ainsi prévoir les coalitions qui pourraient se former dans notre triade précédente (mari, femme et belle-mère) selon les forces en présence et la situation dans laquelle se trouvent les protagonistes. Si la vieille dame est sans ressources, le mari, qui gère les dépenses, pourra sans doute compter sur son appui. En revanche, si la vieille dame est très attachée à ses petits-enfants et ceux-ci très soumis à leur mère, c'est cette dernière qui disposera d'une arme redoutable pour s'assurer l'alliance de la grand-mère. Mais ce jeu de forces lui-même sera différent selon que les protagonistes habitent ensemble par « obligation » (pour des raisons financières, par exemple), ou par « stratégie » (parce que la mère et le fils veulent tous deux gérer le magasin hérité du grand-père et n'ont que peu de confiance l'un dans l'autre).

2. Les relations groupales

Un groupe n'est pas la somme des individualités qui le composent. Il constitue une entité spécifique qui obéit à des mécanismes particuliers et qui est le champ de phénomènes différents de ceux que l'on constate au niveau des relations interpersonnelles. Celles-ci sont donc surdéterminées par le contexte groupal.

Ainsi les interactions groupales présentent certaines similitudes indépendamment des personnalités en présence. C'est ce qui permet de parler de « dynamique des groupes », domaine de recherche très important en psychologie sociale (*cf.* J. Maisonneuve, *La Dynamique des groupes*, Paris, PUF, 1990).

Un des phénomènes majeurs mis en relief par ces recherches est le besoin d'intégration et d'approbation vis-à-vis du groupe, besoin qui conduit au conformisme. L'influence des normes groupales est double. Elle permet d'abord à l'individu de construire une représentation de la réalité et de la voir valider par les autres. Elle conduit aussi l'individu à rechercher la conformité qui lui permet d'être approuvé part les autres ; alors que la déviance ou la marginalité entraîne souvent le rejet et l'exclusion.

Il y a donc en groupe une recherche de cohésion et d'uniformité (mise en valeur, notamment par les travaux de Musafer Sherif). Mais cette tendance à l'assimilation provoque aussi en retour un besoin de différenciation. Ainsi dans un groupe d'adolescents, on peut observer un partage de valeurs communes, une même façon de parler ou de s'habiller ; mais en même temps, chacun affirme une certaine originalité et souhaite représenter le prototype de l'adolescent valorisé par le groupe (c'est « l'effet PIP » – *primus inter pares*, le premier entre les pairs – mis en évidence par Codol).

On n'est pas loin de la compétition pour le *leadership* qui sous-tend nombre d'interactions groupales.

Les membres entretiennent avec le leader du groupe une relation privilégiée. C'est de lui qu'on attend le plus souvent l'approbation et la reconnaissance. Le lien au leader entraîne, comme l'a souligné Freud (notamment dans *Psychologie des foules et Analyse du moi*), une relation d'identification entre les membres. Ainsi dans un « fan-club », les membres se sentent proches parce qu'ils communient dans une même dévotion pour leur « idole »).

Tout un courant de la psychanalyse a montré qu'il existe dans les groupes des phénomènes de « résonance fantasmatique » qui lient les individus entre eux (*cf.*, notamment, D. Anzieu, *Le Groupe et l'Inconscient*, Paris, Dunod, 1975).

Tous ces phénomènes (parmi d'autres) donnent aux relations groupales une tonalité particulière qui les distinguent fortement des relations interpersonnelles où deux ou trois personnes sont impliquées.

Chapitre 2

Structure du rapport interpersonnel

Les relations interpersonnelles sont – on l'a déjà souligné – extrêmement variées. On a spontanément tendance à renvoyer cette variété à la diversité des personnalités en présence. Cependant, certaines expériences quotidiennes suggèrent que des formes similaires peuvent se retrouver dans différentes relations. Par exemple, une jeune femme peut avoir le sentiment que ses expériences amoureuses suivent toujours le même schéma : au bout de quelque temps, elle sent que son partenaire cherche à la dominer et a le sentiment d'être infériorisée ; pour sortir de cette situation, elle entre avec lui dans un rapport de force qui mine la relation et entraîne, au bout d'un certain temps, la rupture.

Ou bien, on peut observer que le même type de relation se retrouve avec des protagonistes différents. Par exemple, d'autres couples peuvent faire la même expérience que la jeune femme que l'on vient d'évoquer et sentir que leur relation est structurée selon le schème dominant/dominé.

Ce sont de tels schèmes relationnels que désigne la notion de « structure de la relation ».

Toute relation interpersonnelle se structure à partir de la position respective que prennent les protagonistes. C'est ce qu'on traduit par des expressions telles que : « Il est comme un grand frère pour moi et avec lui je me sens protégé » ; « avec elle, je me sens toujours sur un pied d'égalité » ; « il faut que je sois toujours derrière lui, sinon il ne fait rien »... Cette façon qu'ont les individus de se positionner les uns par rapport aux autres, c'est ce qu'on peut appeler un *rapport de places*.

Les rapports de places peuvent être ramenés à quelques grands types de structures : les relations symétriques, les relations complémentaires et les relations hiérarchiques. Et chacune de ces structures se trouve confrontée à la question fondamentale de l'« équilibre » ou du « déséquilibre » perçu par chaque partenaire dans la relation.

I. LE RAPPORT DE PLACES

Il fonde la spécificité de chaque relation car un même individu change généralement de position en fonction de son partenaire. Ainsi, dans une famille, il est possible de voir le père traiter son fils aîné en égal, lui faire confiance et solliciter son avis, alors qu'il surveille étroitement les faits et gestes de la cadette encore adolescente et manifeste une certaine exaspération chaque fois que celle-ci exprime une opinion ou cherche à gagner plus d'autonomie.

Pour mieux saisir le sens et l'importance du rapport de places, on peut d'abord essayer d'éclairer les deux termes qui constituent cette notion.

1. Le « rapport »

La notion de « rapport » indique que les positions prises par les individus dans une relation ne sont pas indépendantes et juxtaposées, mais qu'il existe entre elles un lien et un ajustement mutuels.

À travers la communication, en effet, chacun vise une certaine place, mais assigne aussi à son (ou ses) interlocuteur(s) une place corrélative qui complète, renforce et justifie la sienne. Ainsi le professeur, lorsqu'il réclame le silence et l'attention des étudiants et leur demande de noter la référence ou la définition qu'il vient de citer, rappelle que le rapport enseignant/enseigné donne au professeur l'initiative et le rôle de distribuer la parole et de diriger les activités des étudiants.

Les interlocuteurs peuvent accepter et entériner la place qu'on leur assigne (parce qu'elle les valorise, parce qu'ils y trouvent un intérêt, parce qu'ils n'ont pas le choix...). Mais ils peuvent aussi la contester et tenter d'établir un autre rapport. Ainsi, dans l'exemple du cours, les étudiants acceptent généralement la place que leur assigne leur professeur parce qu'ils veulent réussir leurs examens et/ou parce qu'ils s'intéressent à leurs études ou n'envisagent pas un autre mode de relation. Mais en 1968, les étudiants l'ont refusée et ont transformé les amphithéâtres en forums où enseignant et étudiants débattaient ensemble, d'égal à égal, de problèmes de société. Les professeurs qui désiraient conserver l'ordre antérieur ne l'ont pas pu, tout simplement parce qu'ils n'ont plus trouvé d'étudiants acceptant la place de simples auditeurs et qu'on ne peut « faire cours » dans un amphithéâtre vide ou devant cinq cents personnes qui vous empêchent de parler. Ils n'ont plus eu alors d'autre choix que de partir ou d'accepter la nouvelle place que leur assignaient les étudiants.

À travers cet exemple, on voit que la notion de rapport « définit la relation non pas comme une simple mise en liaison extérieure d'individus tout à fait indépendants les uns des autres, mais comme un processus dynamique qui modifie en permanence les deux pôles impliqués » (G.-N. Fischer, *Les concepts fondamentaux de la psychologie sociale*, Paris, Dunod, 1987, p. 14).

2. La « place »

La notion de « place » indique un positionnement dans une topologie relationnelle qui, à la fois, identifie le bénéficiaire et le situe dans une structure. On retrouve ces deux aspects dans deux expressions courantes qui caractérisent assez justement les stratégies relationnelles : « avoir sa place », qui traduit le besoin de chacun d'être identifié et différencié ; et « être à sa place », qui montre qu'on s'insère dans un ensemble où une certaine place vous est assignée.

Cette notion peut, bien sûr, être reliée à celles, plus anciennes, de « statut » et de « rôle ». Elle a cependant un sens plus large et il serait plus juste de dire qu'elle les inclut dans la mesure où elle ne renvoie pas seulement à un positionnement social institué, mais également à un ordre symbolique ou subjectif. Ainsi, un professionnel peut présenter quelqu'un comme son « chef » et, par ces mots, indiquer une différence de statut à l'intérieur d'un système institutionnel donné (l'entreprise). Mais s'il justifie son propre comportement par les mots : « Que veux-tu que je dise, c'est mon chef ! », ce qu'il marque alors, c'est bien une relation subjective de subordination induite par le rapport statutaire, mais qui le prolonge et le dépasse. Autrement dit : il indique moins l'évidence d'un état de fait que la façon dont il le vit (ici dans l'impuissance).

Ainsi la notion de place s'ancre à la fois dans la réalité objective, sociale et culturelle (celle de la différence des statuts et des rôles relationnels qu'elle impose), dans l'imaginaire (la façon dont chacun se situe subjectivement et ressent sa position) et dans un système symbolique qui la dépasse (comme la famille, l'entreprise, l'école...).

3. Le rapport de places

Il résulte donc d'une triple détermination : sociale, interactionnelle et subjective.

La *détermination sociale* est celle des modèles statutaires et des rôles proposés par la culture et les institutions (homme/femme, adulte/enfant, employeur/employé, médecin/malade...). La *détermination interactionnelle* tient au fait qu'une place se définit toujours dans la relation qu'elle entretient avec d'autres places (celle de mère se définit en rapport à celles d'enfant et de père ; celle de maître en rapport avec celle de disciple ; etc.). La détermination subjective vient de ce que la prise de place s'inscrit souvent dans des « stratégies » identitaires et relationnelles, stratégies liées à la représentation que le sujet a de lui-même et au niveau de son « estime de soi ». Ainsi, dans *Pot-bouille*, Émile Zola décrit des bourgeois crispés sur le besoin de « tenir leur rang » ; et dans *La Place*, Annie Ernaux parle de son père comme d'un homme fier de « savoir rester à sa place ».

Souvent, l'aspect institutionnalisé domine. Si bien que le rapport de places préexiste à la relation qui s'instaure et découle de rôles sociaux plus ou moins profondément inscrits dans une culture : parent/enfant ; vendeur/client... Cependant, même dans ce cas, il y a toujours plusieurs façons de s'inscrire dans ce rapport dont la culture ambiante ne fait que proposer un modèle qui peut donner lieu à de multiples interprétations. Ainsi, le rapport homme/femme peut se jouer sur le mode de la séduction ou de la rivalité, avec une connotation sexuelle marquée ou non, dans l'accentuation des différences ou dans leur nivellement…

En l'absence de détermination sociale, les partenaires doivent alors entreprendre un travail de négociation pour définir leur relation et se positionner les uns par rapport aux autres. C'est ce qui se passe, par exemple, lorsqu'on établit un contact avec des inconnus dans un nouveau milieu professionnel et qu'on ne sait pas encore si la relation va devenir amicale ou hostile, si le rapport se fera dans l'égalité ou dans la hiérarchie, si l'on sera complices ou rivaux, etc.

Un rapport de places peut être analysé selon trois grands axes :

– celui qui gère la distance (éloignement ou proximité) et définit le degré de familiarité entre les protagonistes : relations familiales, de voisinage, professionnelles… (cet aspect vient d'être traité au chapitre 1) ;
– celui qui traduit le degré de convergence ou de divergence entre les protagonistes du rapport ; cette polarité pouvant s'exercer comme on l'a vu (*cf.* chapitre 1) au niveau des opinions (accord/désaccord), des positions (consensus/conflit), des affinités (attirance/répulsion) et des sentiments (ouverture, sympathie, amour/fermeture, antipathie, haine). Ces deux axes constituent des dimensions importantes du « lien affectif » ;
– celui qui va de la symétrie à l'asymétrie et de la complémentarité à la hiérarchie et qui représente une des structures fondamentales de la relation.

II. RAPPORTS SYMÉTRIQUES ET RAPPORTS ASYMÉTRIQUES

Du point de vue structurel, les partenaires d'une relation peuvent se situer respectivement dans la similitude ou dans la différence. Dans le premier cas (celui de deux collègues de bureau ou de deux amis du même âge), on qualifie le rapport de « symétrique ». Et lorsque les rôles et les statuts sont dissemblables, on parle de rapport « asymétrique ».

Dans le rapport symétrique, les interlocuteurs se situent toujours comme pairs. Mais l'asymétrie, selon qu'elle implique ou non une relation de pouvoir, peut renvoyer à plusieurs situations. Ainsi, un rapport entre un vendeur et son client d'une part, et entre un patron et son employé d'autre part, peuvent tous deux être qualifiés d'« asymétriques ». Pourtant, ils diffèrent profondément car, dans le second, la complémentarité se teinte de « hiérarchie ».

1. Les rapports symétriques

Entre égaux, il n'est question ni de pouvoir, ni de soumission, ni de hiérarchie. Ce qui caractérise les relations symétriques, c'est donc un certain type d'échange égalitaire qui se marque essentiellement par l'absence de préséance. Si je désire aller au cinéma avec un ami, je ne me demande pas s'il est « convenable » que ce soit moi ou lui qui lance l'invitation.

D'un point de vue formel, la similarité des positions se traduit par l'échange de messages « en miroir » (ayant la même forme et le même niveau d'implication) : même façon de se saluer, mêmes types de services rendus, même degré de réserve ou d'intérêt mutuel...

2. Les rapports asymétriques complémentaires

C'est en 1936 dans *Naven* (trad. *La Cérémonie du Naven*, Paris, Éditions de Minuit, 1971) que l'anthropologue Gregory Bateson a établi la distinction entre les rapports symétriques et les rapports complémentaires. Étudiant les Iatmul de Nouvelle-Guinée, il éprouva le besoin d'élaborer une méthode et des concepts pour comprendre et interpréter les conduites des individus ainsi que la formation du caractère ethnique d'une population. L'étude systématique des interactions lui parut alors l'approche la plus appropriée.

Selon lui, ce qui définit un rapport complémentaire, c'est que les comportements y sont dissemblables mais articulés : si A est autoritaire, B (qui a des relations continues avec lui) peut s'ajuster à son attitude en se montrant soumis ; cette soumission de B favorisera l'autorité de A dont le comportement appellera plus de soumission chez B ; ainsi, A deviendra de plus en plus autoritaire et B de plus en plus soumis.

G. Bateson ne différenciait pas hiérarchie et complémentarité. Il nous semble cependant que cette distinction est nécessaire et nous préférons réserver le qualificatif de « complémentaires » aux relations qui n'impliquent pas de relations de pouvoir et se caractérisent essentiellement par la différenciation des rôles et des attitudes. Ainsi, dans un groupe d'étudiants effectuant un travail collectif, le plus cultivé apportera ses connaissances et influera sur l'enchaînement des idées, un autre, plus doué pour l'écriture, dirigera la conception du rapport, et un troisième, formé peut-être à la dynamique des groupes, jouera le rôle de régulateur dans les moments parfois houleux où chacun apporte et négocie sa contribution. Tour à tour ils seront en position de *leader* ; mais ils devront toujours négocier leur position et aucun n'aura *a priori* le pas sur les autres. De même, les relations entre un vendeur et un acheteur sont complémentaires (l'un désirant acquérir ce que l'autre propose) ; mais elles n'impliquent pas, le plus souvent, de rapport de pouvoir.

3. Les rapports hiérarchiques

Contrairement à ce qui se passe dans le rapport complémentaire, le rapport hiérarchique implique l'existence d'une « position haute » et d'une « position basse ». Celles-ci peuvent résulter d'un statut (patron/employé ; parent/enfant) ou plus simplement d'une position subjective (sentiment de supériorité/sentiment d'infériorité) induite par l'histoire et la personnalité respective des interactants.

Lorsque la relation est statutaire, elle est ponctuée de marques de préséances dictées par des règles et habitudes internes à une institution ou par les codes de politesse d'une culture. Par exemple, dans l'armée, un soldat salue en premier ses supérieurs en portant la main à son képi tout en claquant les talons ; au lycée, un professeur peut, de sa seule initiative, tutoyer ses élèves alors que l'inverse n'est pas admis. Plus généralement, notre culture suppose qu'un enfant salue un adulte le premier ou qu'un homme cède le pas à une femme.

Lorsque la différence n'est pas induite par le contexte institutionnel, elle se marque de façon plus spécifique. Ainsi, dans son autobiographie *Mars*, Fritz Zörn explique que son père occupait dans sa famille une position « haute » tellement incontestable que personne n'aurait oser émettre une opinion contraire à la sienne. Lors des sorties au cinéma, un rituel s'était ainsi établi : en quittant la salle, la mère et les enfants se taisaient, comme emprunts de l'atmosphère du film ; puis, dès que le père avait donné son avis, la mère commentait le film en allant dans le sens de son mari, et les enfants renchérissaient.

Le caractère symétrique, complémentaire ou hiérarchique d'une relation peut, bien sûr, évoluer et se transformer au cours du temps. Et il n'est pas rare qu'une relation initialement ou statutairement complémentaire dérive vers la hiérarchie. On l'observe aisément dans les relations hommes/femmes (d'où le combat des féministes). Le contraire existe aussi : dans les milieux professionnels, la compétence spécifique de certains « subordonnés » amène parfois leur « patron » à dépendre d'eux ; c'est ce processus que le sociologue Michel Crozier a identifié dans *L'Acteur et le Système* (Paris, Le Seuil, 1977) comme la « maîtrise d'une zone d'incertitude pertinente ».

III. L'ÉQUILIBRE DANS LES RELATIONS

La symétrie ou l'asymétrie ne sont pas en elles-mêmes des valeurs « bonnes » ou « mauvaises » ; et il n'y a pas, dans l'absolu, un type de rapport de places qui soit supérieur aux autres. Il existe simplement des relations différentes qui alternent, pour un même individu, selon les contextes et les partenaires. Pourtant, toutes les situations ne sont pas vécues de la même façon et un rapport de places n'est satisfaisant que si les protagonistes s'y sentent « à l'aise », et s'ils le ressentent comme « juste ». Si c'est le cas, on dira que la relation est « équilibrée » ; dans le cas contraire, on parlera de « déséquilibre ». On constate que lorsque la relation est vécue subjectivement comme hiérarchique, celui qui se sent en position basse éprouve souvent des sentiments pénibles : impression de ne pas « être à la hauteur », d'être « nul » ; crainte d'« être écrasé » par l'autre ; agressivité ; envie de revanche.

Le déséquilibre peut provenir d'une perversion du rapport lui-même. On se trouve alors confronté à l'une des formes de « pathologie de la communication » identifiée par l'École de Palo Alto (*cf.* E. Marc et D. Picard, *L'École de Palo Alto*, Paris, Retz, 1984) : une sorte d'« emballement » des relations où les partenaires ne communiquent plus que pour asseoir ou démontrer leur position.

Mais le risque le plus grand intervient lorsqu'un rapport de places ne permet plus à chacun de conserver à ses propres yeux et de défendre devant les autres une image valorisante de lui-même. Si l'un des partenaires a le sentiment d'être « floué » ou « lésé », l'équilibre de la relation est menacé. C'est en partie pour prévenir ce risque que se sont mis en place des codes de politesse et de savoir-vivre (*cf.* D. Picard, *Politesse, Savoir-vivre et Relations sociales*, Paris, PUF, « Que sais-je ? », 1998).

1. Déséquilibre et pathologie dans la structure de la relation

Lorsque le rapport est « pathologique », les partenaires ne voient plus la possibilité de communiquer en dehors d'une stricte symétrie ou d'une rigoureuse asymétrie ; ils rigidifient alors leur relation dans une forme stéréotypée et caricaturale de rapport à l'autre.

La perversion du rapport symétrique se traduit par une sorte d'escalade dans le désir de prouver à l'autre qu'on est au même niveau que lui. Cette « escalade symétrique » peut prendre plusieurs aspects selon le point sur lequel se fixe la rivalité des partenaires. Ils peuvent surenchérir dans le don, ne jamais être en reste d'un service ou d'un cadeau pour ne pas paraître redevable. Ils peuvent au contraire rivaliser dans la frustration et ne jamais être le premier à accorder quelque chose pour ne pas paraître « céder » (« Tu m'as laissé la vaisselle, débrouille-toi avec tes chemises à repasser »). Ou bien, jouer à ne jamais adopter une attitude qui pourrait être interprétée comme une manifestation de pouvoir : « On va où tu veux – mais non, c'est toi qui choisis – pas du tout, je te fais confiance… » Partout transparaît le refus de la différence, comme si l'asymétrie était associée à l'inégalité et à une forme de domination.

L'évolution pathologique du rapport asymétrique peut amener à transformer une complémentarité en inégalité (« Laisse-moi gérer notre budget et contente-toi d'élever les enfants, tu n'es bonne qu'à ça ») ; ou une différence hiérarchique en oppression : « Fais ce que je te dis parce que je suis le chef et que j'en ai décidé ainsi. » La démonstration de pouvoir de l'un masque sa peur de ne pas être à la hauteur ; la soumission de l'autre dévoile une autre peur : celle de ne pas être accepté, d'être abandonné. À la limite, le rapport hiérarchique peut être teinté de sadomasochisme.

2. Équilibre et savoir-vivre

Les rituels sociaux sont là pour assurer aux protagonistes un sentiment d'équilibre quel que soit le type de rapport (symétrique, complémentaire, hiérarchique) dans lequel ils sont engagés. « Bonjour – bonjour » ; « S'il vous plaît – merci » ; « Excusez-moi – je vous en prie »... Les codes de savoir-vivre sont ainsi pleins de ces petites expressions rituelles qui vont par paires, chaque réplique de l'un appelant une réplique de l'autre. Cette façon d'agir situe d'emblée les relations sociales sous le signe de l'équité, de l'échange et de la réciprocité : personne ne doit donner sans recevoir, ni recevoir sans donner. Cela maintient les partenaires dans un rapport d'équilibre qui ne se limite pas à quelques formules rituelles mais apparaît comme un principe régulateur fondamental des contacts sociaux. Les exemples abondent : à Noël, on échange avec ses amis des cadeaux de valeurs similaires ; on doit toujours inviter une personne qui vous a reçu ; on ne laisse pas une lettre sans réponse ; on fait tout pour le confort de celui qu'on invite pour le week-end, qui, à son tour, fait tout pour ne pas gêner ses hôtes...

Cela est particulièrement mis en œuvre dans les rapports hiérarchiques où une inégalité de position existe de fait. Les individus en position supérieure sont appelés à prodiguer des marques de bienveillance à ceux qui leur ont manifesté de la déférence sous peine de paraître hautains ou arrogants. Ainsi, on doit toujours remercier la personne qui s'efface pour vous laisser le passage ou manifester de l'intérêt à celle qui a traversé une rue pour vous saluer. Et lorsque les circonstances amènent quelqu'un à se présenter en état d'infériorité (dans l'obligation de demander un service, par exemple), la politesse exige qu'on réponde rapidement et avec tact à la sollicitation (pour ne pas rendre humiliante la position du solliciteur) et qu'on minimise le service rendu (pour limiter sa reconnaissance).

De tels comportements peuvent être perçus comme des « stratégies d'équilibrage » (*cf.* D. Picard, *Les Rituels du savoir-vivre*, *op. cit.*), mises en œuvre dans le but de marquer à une personne en position inférieure un intérêt compensatoire et de réintroduire ainsi, de manière symbolique, une forme d'équilibre dans une relation déséquilibrée.

L'étude des rapports de places fait en général l'objet de recherches pragmatiques, fondées sur l'observation empirique des comportements et conduisant à des systèmes de catégorisations comme ceux que nous venons de présenter. C'est la démarche des approches dites « systémiques », et notamment celle de l'École de Palo Alto dont nous avons parlé à plusieurs reprises. Il existe cependant d'autres types d'approches qui offrent un intérêt certain pour l'étude des relations interpersonnelles ; ce sont celles qui mettent en évidence les liens pouvant s'établir entre la structure psychique des personnes en interaction et le type de communication qu'elles établissent entre elles. À cet égard, l'analyse transactionnelle offre une grille conceptuelle intéressante.

IV. PRÉSENTATION D'UN OUTIL : L'ANALYSE TRANSACTIONNELLE

L'analyse transactionnelle, fondée par le psychiatre américain Eric Berne dans les années soixante, est un système théorico-clinique qui propose une théorie de la personnalité (l'« analyse structurale des états du Moi ») et des relations interpersonnelles : l'« analyse transactionnelle » proprement dite (*cf.* E. Berne, *Des jeux et des hommes*, *op. cit.*).

1. L'analyse structurale de la personnalité

Selon E. Berne, le « Moi » de tout individu peut se manifester à travers trois « états » : l'état « Parent », qui provient de l'intériorisation des attitudes parentales et des normes sociales, l'état

« Adulte », qui est orienté vers l'appréciation objective de la réalité ; et l'état « Enfant » en relation avec les aspects pulsionnels de la personnalité et le « principe de plaisir ». Ils coexistent en chacun de nous mais s'expriment alternativement selon les situations.

Chacun de ces états s'extériorise à travers une palette de manifestations observables qui lui sont propres. Le « Parent » est parfois « normatif » et pousse à la rigidité morale (« Il faut faire ceci » ; « Je dois dire cela ») ou parfois « nourricier » et incite aux attitudes protectrices (« Je ne peux pas lui faire de la peine » ; « Je vais t'aider »). L'« Adulte » est la partie de nous-mêmes qui nous porte vers des comportements rationnels (m'organiser pour que mon travail soit terminé à temps). Quant à l'« Enfant », il retrouve tantôt l'attitude soumise du petit enfant (dit « adapté ») se pliant aux influences parentales, et tantôt les besoins, les pulsions et les désirs de l'« enfant naturel », source de motivations, de créativité et du plaisir de vivre : c'est lui qui nous fait dire « chiche » lorsqu'une envie se pointe.

2. L'analyse des transactions

Une « transaction », selon E. Berne, c'est « l'unité de rapport social ». Elle se compose d'un « stimulus transactionnel » émis par un individu en direction d'un autre (un sourire, par exemple) et de la « réaction transactionnelle », ou réponse, du partenaire (un sourire, ou un mouvement de gêne, ou une parole aimable...). Stimulus et réponse sont à chaque fois sous-tendus par un des états du moi et visent à faire réagir un état spécifique chez le partenaire. Ainsi, dans *Autant en emporte le vent*, lorsque Scarlett apprend les fiançailles d'Ashley avec Mélanie, elle se précipite vers lui et lui avoue qu'elle l'aime, sûre que cet amour est partagé et qu'il ne courtise Mélanie que par dépit amoureux (parce que Scarlett ne lui a jamais laissé deviner ses propres sentiments). En agissant ainsi, elle est poussée par son « Enfant naturel » et espère bien stimuler celui d'Ashley. Malheureusement, comme on le sait, elle échouera et recevra en réponse un discours très moralisateur sur l'inaltérabilité du serment des fiançailles directement issu du « Parent normatif » du jeune homme... Lui-même, d'ailleurs, croyant ainsi pouvoir stimuler chez elle un « Enfant adapté »... qui n'apparaîtra pratiquement jamais chez la rebelle héroïne.

Une transaction est dite « complémentaire » lorsque l'état stimulé répond à l'état stimulateur ; elle est dite « croisée » lorsque ce n'est pas l'état visé qui répond. Dans l'exemple cité, nous sommes à l'évidence en présence d'une transaction croisée. La transaction complémentaire, elle, ne se trouve que dans l'esprit de Scarlett lorsqu'elle imagine ce qui va découler de son aveu.

Dans les situations complexes, deux états du moi peuvent interagir simultanément : l'un au niveau social et de façon explicite ; l'autre, au niveau psychologique et de façon implicite. On a alors affaire à une transaction « cachée » qui peut revêtir l'aspect de la complicité (si les deux partenaires connaissent l'existence des deux niveaux) ou celui de la manipulation (si un seul des partenaires fait jouer les deux niveaux à l'insu de l'autre). Le premier cas peut être illustré par la situation de « drague mutuelle » où chacun des deux partenaires feint de discuter de choses et d'autres (transaction « Adulte-Adulte ») alors que tous deux ne cherchent qu'à se transmettre leur désir respectif par des gestes alanguis ou des regards prometteurs (transaction « Enfant-Enfant »). Le second cas trouve une illustration dans le dialogue du vendeur qui fait semblant de s'intéresser aux opinions de son client (transaction « Adulte-Adulte ») alors qu'il ne cherche en fait que le moyen de mieux le connaître pour mieux le convaincre (transaction « Adulte-Enfant »).

3. Analyse transactionnelle et interaction sociale

On peut concevoir l'interaction sociale comme un processus dynamique dans lequel les transactions s'enchaînent les unes aux autres. Et l'on peut aussi considérer que l'analyse d'E. Berne comme une façon de situer les rapports de places à un niveau psychologique. En effet, dans le cas où l'interaction entre deux individus se traduit par une suite de transactions complémentaires, on peut dire qu'il existe entre eux un accord (au moins tacite) sur le rapport de places. Dans le cas d'une transaction croisée, il y aurait, au contraire, désaccord sur la relation puisque le locuteur situe l'allocutaire à une certaine place et que celui-ci lui répond d'une autre place : Scarlett demande à Ashley d'être son complice dans la folie d'une passion partagée au-delà des conventions sociales ; il lui répond comme un être raisonnable, conscient de ses devoirs d'homme et de soldat, et déplore chez elle les réminiscences de l'enfant gâtée qu'elle n'a jamais cessé d'être.

Chapitre 3

Le lien affectif

Les relations que l'on entretient avec autrui sont, bien évidemment, marquées par la nature du lien affectif qui nous unit à lui ; et l'importance existentielle des relations affectives est si grande qu'on estime souvent que notre bonheur dépend de notre aptitude à créer de tels liens. Ainsi, lorsqu'en 1987, le magazine *Le Point* demanda à ses lecteurs « Qui sont les gens les plus heureux ? », 83 % d'entre eux estimèrent que c'étaient les gens qui vivaient en couple, contre 3 % seulement pour les gens qui vivaient seuls. Les résultats de ce sondage ne font, d'ailleurs, que relayer ceux d'enquêtes plus étendues à la méthodologie plus maîtrisée (comme celles de Campbell aux États-Unis en 1981 ou celle de Dubé, Blondin et Kairouz au Québec en 1991) : toutes montrent que l'existence de liens affectifs (amoureux ou amicaux) est généralement ressentie comme une des conditions essentielles du bonheur.

Mais si l'importance de ces liens est ainsi facilement attestée, il est en revanche plus difficile d'en saisir la nature profonde. Pour cela, on peut choisir entre deux types d'approches :

– on peut, avec un regard « extérieur », analyser les fondements de ces liens en termes de « critères de choix », de « proximité » plus ou moins grande ou de « degré d'affinité » plus ou moins élevé ;
– mais on peut aussi choisir des les aborder « de l'intérieur » en s'intéressant à ce qu'éprouvent les sujets en interaction et à la façon dont ils communiquent de personne à personne ; on entre alors dans le domaine de l'« intersubjectivité ».

I. LES FONDEMENTS DU LIEN AFFECTIF

Est-il possible de comprendre pourquoi on aime une personne plutôt qu'une autre ? Parce qu'elle nous plaît, nous éblouit ou parce qu'on la trouve belle... mais ces critères sont difficiles à définir. Alors, comme Montaigne, on s'en tire par une pirouette : « Parce que c'était lui ; parce que c'était moi » ; et on clôt ainsi le débat.

Cependant, on peut malgré tout essayer de dégager quelques constantes dans les choix affectifs. C'est l'objet d'un certain nombre de recherches qui se sont essentiellement articulées autours de deux questions : est-ce qu'on est plus attiré par des gens qui nous sont proches ou, au contraire par une certaine altérité ? Aime-t-on plutôt son semblable ou son complément ?

1. Choix affectif et proximité

On ne passe plus sa vie dans les limites de son village ; les parents n'exercent plus une surveillance aussi sévère qu'autrefois sur les « fréquentations » de leurs enfants ; il est également assez rare dans nos cultures modernes que le conjoint soit choisi par la famille. En un mot, l'horizon de chacun s'étant potentiellement élargi, les choix affectifs devraient s'étaler sur une plus large palette.

Pourtant, la liberté n'engendre pas forcément l'aventure et la diversité. Périodiquement, des chercheurs montrent qu'on préfère fréquenter des gens proches de soi. L'un des premiers fut Leon Festinger : dans une enquête effectuée dans une résidence universitaire, il a montré qu'une corrélation existait entre le niveau de fréquentation des étudiants et la proximité de leurs appartements respectifs (L. Festinger *et al.*, *Social Pressures in Informal Groups. A Study of Human Factors in Housing*, Standford University Press, 1950). Dans les années soixante, la fameuse enquête d'A. Girard sur *Le Choix du conjoint* (Paris, PUF, 1964) a montré qu'on se mariait très souvent entre gens de la même région. Et on fait de même pour choisir ses amis, comme le montre Jean Maisonneuve dans sa *Psychosociologie de l'amitié* (Paris, PUF, 1993) : il a regroupé tous les modes de proximité dans l'espace entre deux individus (distance physique, canaux de communication, système d'activités communes...) sous le terme de « vicinité » et a posé la question du rapport entre ces modes de « vicinité » et la fréquence des liens amicaux établis. Deux enquêtes, à trente ans de distance (au début des années soixante et au début des années quatre-vingt-dix), arrivent à la même conclusion : « La vicinité apparaît non seulement comme le support nécessaire du premier contact, mais comme le critère de l'intensité dilective [affective] des liens interpersonnels » (p. 98). Mais, ajoute-t-il, « vicinité et affinités sont toujours liées par une sorte de rapport dialectique » car si nous aimons ceux qui nous sont proches, nous nous rapprochons aussi de ceux que nous aimons.

2. Réciprocité, similitude et complémentarité

Le lien affectif est souvent vécu comme un partage et un échange. Certains chercheurs ont assimilé ce goût pour la réciprocité à un besoin de similitude et ont tenté de le démontrer expérimentalement, comme l'Américain Don Byrne dont les recherches ont souvent servi de modèle (*cf.* notamment G. Clore et D. Byrne, « A reinforcement affect model of attraction », *in* T. Huston, *Foundations of Interpersonal Attraction*, New York Academy Press, 1974). Dans l'une d'entre elles, on fait passer des questionnaires d'opinions et d'attitudes à des sujets, puis un expérimentateur présente au jugement de chacun un profil fabriqué pour être très proche ou très différent du sien. On s'aperçoit alors que les sujets semblables suscitent des sentiments positifs et les sujets différents des sentiments négatifs.

D'autres recherches, notamment celles de l'Américain R. Winch sur l'attrait amoureux (*cf. Mate Selection : a Study of Complementary Needs*, New York, Harper, 1958), insistent sur la « complémentarité » comme facteur de choix. Comme si le fait que l'autre puisse accomplir ce qui nous est impossible nous apportait une sorte de compensation symbolique à nos manques.

Cependant, ces recherches, pour intéressantes qu'elles soient, ne permettent pas vraiment de comprendre ce qui fonde les liens affectifs parce qu'elles s'attachent essentiellement à des effets (on « remarque » la similitude ou la complémentarité) et non des processus (comment on en est arrivé à cela). Comme le souligne très justement Jean Maisonneuve, si elles nous permettent de repérer la présence d'un besoin de similitude dans le choix affectif, elles ne nous disent pas la position de ce besoin par rapport au choix. Autrement dit : choisissons-nous nos amis parce qu'ils nous sont semblables ou les voyons-nous ainsi parce que nous les aimons ? La similitude, remarque-t-il, se trouve également renforcée par le fait que les amis ont tendance souvent à s'identifier l'un à l'autre, donc à réagir de façon similaire, donc à se croire (et à se percevoir comme) semblables.

Par ailleurs, il n'est sans doute pas utile de trancher entre le besoin de similitude et celui de complémentarité. Les deux coexistent et l'on rencontre souvent une certaine complémentarité sur fond de similitude. C'est d'ailleurs ce qui semble se dégager de travaux d'inspiration psychanalytique défendant l'idée qu'on choisit un conjoint ayant des modes défensifs complémentaires des siens, mais sur un fond d'identité des conflits psychiques (*cf.* notamment J. Lemaire, *Le Couple, sa vie, sa mort*, *op. cit.*).

Le développement d'une relation intime constitue aussi une des composantes essentielles de l'amour et de l'amitié : « Se révéler à son partenaire et se voir gratifié en retour de l'intimité du partenaire conduit à affermir l'attachement mutuel » (G. Moser, *Les Relations interpersonnelles*, Paris, PUF, 1994).

Plusieurs recherches montrent que plus la communication est intime, plus la relation est profonde et réciproquement. Par contre, on constate souvent dans les couples en difficulté une réduction de la communication et de l'intimité.

3. L'amour et l'amitié

Jusqu'à présent, nous avons parlé du « lien affectif » sans émettre de distinction entre l'amour et l'amitié. Mais cela ne correspond pas à l'expérience vécue de l'affectivité car chacun de nous pense savoir faire la différence entre aimer « d'amour » et aimer « d'amitié ». Et pourtant… saurions-nous exprimer clairement ce qui les différencie ? Situer la frontière entre les deux ?

Est-elle, par exemple, du côté de l'attirance sexuelle ? Certainement. C'est dans la mesure où autrui est considéré comme un partenaire sexuel, potentiel ou effectif, que se développe le sentiment amoureux. Mais il existe cependant, des formes d'amour épurées de la sexualité ; et une relation amicale peut dériver vers une attirance sexuelle. D'autre part, des relations sexuelles peuvent exister sans implication mutuelle et sans intimité affective (mais il s'agit souvent de relations passagères).

Y aurait-il alors des différences de degré, l'amour étant une forme d'« amitié-plus » (plus forte, plus profonde, plus accomplie…) ? Comment expliquer, si c'est le cas, que, dans certaines circonstances, on a plus besoin de la présence d'un ami que de « celui qu'on aime » ?

Une autre piste pourrait être que l'amour est exclusif (on n'aimerait « d'amour » qu'une seule personne à la fois, alors qu'on pourrait avoir plusieurs amis en même temps). Ce serait mal interpréter les mécanismes de l'infidélité conjugale ; et cela ne permettrait pas de comprendre la possessivité dont font preuve certaines personnes à l'égard de leurs amis. Et ce serait, en tout cas, éliminer bien vite la complexité et l'ambiguïté des sentiments qui sont les ressorts d'une bonne partie de la littérature romanesque.

Des chercheurs en sciences humaines se sont attaqués à la question. Certains (comme Rubin dans les années soixante-dix) ont prétendu avoir trouvé une irréductible différence entre les deux : l'amour se traduirait par un sentiment d'attachement et d'exclusivité ainsi que par un réel souci de l'autre ; et l'amitié par une incitation à percevoir l'autre comme semblable à soi et à l'évaluer positivement. La différence est sans doute claire. L'ennui est que ces résultats ne sont pas toujours confirmés et que les recherches empiriques qui sont périodiquement effectuées n'arrivent pas à produire des résultats convergents. Il faut dire qu'il y a déjà tant de façons différentes d'aimer : avec tendresse, avec passion, avec raison, avec jeu, dans la communion des corps ou des esprits, dans la violence et le drame, ou dans la sérénité d'un quotidien partagé… De plus, ces différentes formes d'amour évoluent avec le temps et l'amour passionnel peut se transformer en amour-amitié. Comment alors réduire une telle diversité à quelques facteurs spécifiques ?

C'est certainement que tout ce qui touche au domaine de l'affectif est plus de l'ordre du « vécu » que du « démontrable ». Ce qui plaide pour une approche plus en « intériorité » de ces phénomènes.

II. L'INTERSUBJECTIVITÉ

La relation interpersonnelle peut apparaître comme première par rapport à la construction de la personnalité. En tout cas, elle constitue le contexte dans lequel cette dernière peut se développer.

« Que voit le bébé quand il tourne son regard vers le visage de la mère ? » interroge le psychanalyste anglais Donald W. Winnicott . « Généralement, ce qu'il voit, c'est lui-même. En d'autres termes, la mère regarde le bébé et ce que son visage exprime est en relation directe avec ce qu'elle voit » (*Jeu et Réalité*, Paris, Gallimard, 1975, p. 155). Le regard de la mère est la première forme de reconnaissance à laquelle l'enfant est confronté ; et c'est ainsi qu'il prend conscience de lui-même. Si le regard de la mère reflète de l'inquiétude, l'enfant peut se vivre comme angoissant. À l'inverse, à travers un regard attendri et un peu béat de la mère, il se sent valorisé et se construit peu à peu une image positive de lui-même.

Cette première expérience apparaît comme fondatrice et représentative de l'importance d'autrui dans la constitution de la conscience et de l'image de soi. La recherche de reconnaissance sous-tend les liens affectifs dans les périodes où la quête de soi prédomine. À l'adolescence, par exemple, on veut des amis proches de ce que l'on est ou de ce que l'on voudrait être et l'on se voit à travers eux. On s'habille comme eux, on adopte les mêmes tics de langages, on partage les mêmes goûts. C'est aussi l'époque où l'on se fait de longues confidences qui se terminent par la constatation ravie : « On est pareils ». C'est-à-dire : « En te regardant, c'est moi que je vois ; en t'écoutant, c'est moi que j'entends ; en t'aimant, c'est moi que j'accepte. »

L'essentiel de ces processus reste largement inconscient. C'est pourquoi la psychanalyse offre des outils conceptuels intéressants pour les appréhender. Cependant d'autres apports fondamentaux à l'étude de l'intersubjectivité viennent aussi d'approches comme l'interactionnisme symbolique ou la phénoménologie existentielle.

1. Relation intersubjective et processus inconscients

La psychanalyse est souvent perçue comme éclairant d'abord les fonctionnements intra-psychiques. Cependant, elle apporte aussi des éléments essentiels pour comprendre les relations interpersonnelles. Sigmund Freud, le premier, avait compris les liens fondamentaux qui se nouent entre les dimensions relationnelle et intrapersonnelle dans le fonctionnement psychique : la psychologie individuelle ne peut pas, écrivait-il dans *Psychologie des foules et Analyse du moi*, « faire abstraction des rapports qui existent entre l'individu et ses semblables. C'est qu'autrui joue toujours dans la vie de l'individu le rôle d'un modèle, d'un objet, d'un associé ou d'un adversaire, et la psychologie individuelle se présente dès le début comme étant en même temps, par un certain côté, une psychologie sociale » (*Essais de psychanalyse*, Paris, Payot, 1975, p. 83).

Tout un ensemble de concepts fondamentaux comme ceux de fantasme, d'identification, de transfert, de relation d'objet éclairent les processus inconscients qui sous-tendent la relation.

• Relation et lien fantasmatique

Au niveau de l'inconscient, les liens affectifs s'organisent autour du *fantasme*. C'est une sorte de scénario imaginaire, construit dans l'enfance, à travers lequel sont figurées les relations fondamentales à autrui telles qu'elles sont investies par les désirs pulsionnels (libidinaux et agressifs). Autrement dit, ce sont moins les relations réelles qui comptent dans cette perspective que la façon dont on les perçoit subjectivement et dont on les investit de façon pulsionnelle.

Par exemple, dans les fantasmes sadomasochistes, la relation est vécue imaginairement comme relation violente, imprégnée d'excitation sexuelle ; le sujet peut d'ailleurs y occuper les deux pôles de l'activité sadique ou de la soumission masochiste.

Ainsi les relations sexualisées, donc les relations amoureuses, sont fortement marquées par les fantasmes conscients et inconscients qui leur servent en quelque sorte de matrices.

L'*identification*, quant à elle, se situe davantage au niveau de la conscience et de l'image de soi. C'est un processus par lequel une personne se perçoit au niveau imaginaire comme semblable à une autre à partir d'un trait commun. On a déjà souligné l'importance de ce processus dans les relations amicales.

L'identification est le processus fondamental sur lequel se constitue la personnalité : c'est en s'identifiant à sa mère que la petite fille découvre et construit sa féminité ; c'est en s'identifiant à son institutrice que l'enfant acquiert le goût de l'étude. Mais elle est aussi à la source de beaucoup de liens d'amitié ou d'amour : un idéal commun nous fait croire semblables l'un à l'autre ; on s'aime alors de se retrouver et de se voir confirmé en l'autre.

Les premières identifications commencent très tôt dans l'enfance. Elles représentent même, selon Freud, une des formes les plus primitives du lien affectif. C'est pourquoi elles se reproduisent si souvent par la suite : parce que, dans l'imaginaire, attachement et identification restent liés.

Notons cependant que l'*attachement* se développe aussi sur la relation d'*étayage*, dont le modèle primaire est la relation du bébé à sa mère ; dans ce type de relation, le lien à autrui découle du fait que ce dernier est capable de satisfaire les besoins primaires de l'individu (besoin de chaleur, de nourriture, de soin, etc.). Le psychanalyste anglais J. Bowlby a été amené ainsi à distinguer un *lien primaire d'attachement* distinct de la relation libidinale (*cf. Attachement et Perte*, Paris, PUF, 1978).

L'hypothèse de la psychanalyse est que les prototypes relationnels infantiles (tels qu'ils résultent notamment des mécanismes identificatoires et fantasmatiques) tendent à se reproduire par la suite et à influencer les relations interpersonnelles tout au long de la vie. C'est la source des phénomènes de *transfert* qui font que nous déplaçons dans nos relations à autrui les modèles relationnels infantiles que nous avons élaborés dans nos relations à nos parents, à nos frères et sœurs et aux personnages significatifs de notre enfance. Le transfert est donc une dimension fondamentale de la « relation d'objet ».

- **Lien affectif et relation d'objet**

Le terme d'« objet » en psychanalyse désigne moins quelque chose d'inanimé (une chose, un bibelot...) qu'il n'englobe tout ce qui est visé par une pulsion, un facteur d'attirance, d'amour ou de haine ; c'est-à-dire essentiellement des personnes. L'expression « relation d'objet » désigne donc « les modalités fantasmatiques de la relation du sujet au monde extérieur » (É. Roudinesco et M. Plon, *Dictionnaire de la psychanalyse*, Paris, Fayard, 1997, p. 737). L'idée centrale est que les personnes avec lesquelles on entre en relation sont ressenties fantasmatiquement comme des moyens de satisfaire nos différentes pulsions sur le modèle des relations de la petite enfance. Ainsi, au stade oral, l'objet de la pulsion libidinale du bébé est essentiellement ce qui peut être incorporé ; la relation à la mère s'articule alors autour du sein et de la tétée. Au-delà de ce stade, une « pulsion orale » subsiste qui peut être déplacée sur d'autres objets que le sein (par exemple sur la cigarette). On pourra alors se lier avec une personne à cause de sa grande culture, en lui demandant de « nourrir » notre esprit de son savoir. L'importance de la « pulsion orale » peut teinter la relation à autrui de possessivité, d'avidité ou d'envie. On pourrait, de la même façon, décrire un mode « anal » ou « phallique » de relation d'objet, en référence aux stades du même nom.

Si la relation d'objet est structurée par le fantasme, elle est également marquée par les mécanismes de défense que le moi construit pour se protéger des mouvements pulsionnels induits par la relation avec autrui. Ce peut être l'origine des mécanismes de « projection », d'« introjection », d'identification à l'agresseur ou de « formation réactionnelle » (par laquelle le sujet contrôle ses pulsions agressives en développant à l'égard d'autrui des attitudes d'altruisme et de prévenance).

Dans la projection, par exemple, on utilise autrui pour expulser de soi des sentiments ou des désirs qu'on ne peut admettre comme siens. C'est ce qui se passe dans une certaine forme de jalousie (que S. Freud appelle, d'ailleurs, « jalousie projective ») où un individu, refusant d'admettre ses désirs d'infidélité, les attribue à son conjoint, alors perçu comme « vicieux », « nymphomane » ou « coureur ». En agissant ainsi, il se défend contre ses propres désirs (qu'il juge « honteux » ou « indignes ») et « détourne, ce faisant, son attention de son propre inconscient, la déplace sur l'inconscient d'autrui et peut y gagner autant de clairvoyance en ce qui concerne autrui que de méconnaissance en ce qui le concerne lui-même » (J. Laplanche et J.-B. Pontalis, *Vocabulaire de la psychanalyse*, Paris, PUF, 1968, p. 346). La relation affective qui s'établira entre les conjoints sera fondée sur le double processus de la suspicion et de la dénégation et s'articulera donc autour de la quête impossible d'une hypothétique preuve : de l'infidélité pour l'un ; de l'innocence pour l'autre.

L'introjection est le mécanisme inverse de la projection. Il consiste à faire entrer fantasmatiquement des objets extérieurs à l'intérieur de soi pour en faire, justement, des objets de fantasmes. Si par la projection, un individu peut expulser de lui tout ce que son éducation lui fait concevoir comme « mauvais » et qui le culpabilise, l'introjection lui permet de se parer de toutes les vertus valorisées par son entourage.

L'intériorisation, elle, est un processus proche de l'introjection. Ici, ce ne sont plus des objets ou des affects qui sont intériorisés, mais des caractéristiques relationnelles. Ainsi, un enfant doté d'un père très autoritaire peut devenir un adulte exigeant envers les autres et lui-même, valorisant l'effort et la réussite, niant ses faiblesses et méprisant ceux « qui s'écoutent ». On peut dire de lui qu'il possède un « Surmoi fort ». Cela vient de l'intériorisation de la relation intersubjective qui existait entre son père et lui (rigueur et autoritarisme du père) et sa transformation en une relation intrasubjective entre les différentes instances de sa personnalité (domination du surmoi sur le ça et le moi).

Ainsi, dans la perspective psychanalytique, la relation interpersonnelle est sous-tendue par des processus inconscients de nature pulsionnelle et défensive. Ces processus font que *l'intrapsychique apparaît comme du relationnel introjecté* (c'est-à-dire que notre psychisme se construit par intériorisation des relations de l'enfance) ; *mais aussi que le relationnel est de l'intrapsychique projeté* (nous projetons dans nos relations actuelles à autrui les prototypes relationnels que nous avons intériorisés pendant notre enfance). Ce double mouvement d'intériorisation et d'extériorisation explique la complexité des relations affectives qui s'ancrent autant dans un imaginaire intemporel que dans la réalité actuelle.

Essayons d'en apporter une illustration, nécessairement schématique. Michèle, jeune femme d'une trentaine d'années, a été fortement marquée par l'attitude de son père à son égard pendant son enfance. Celui-ci avait une préférence marquée pour ses frères et Michèle, ayant intériorisé cette attitude, s'est identifiée à eux et est devenue un vrai « garçon manqué ».

Par ailleurs, son père, professeur, valorisait fortement la culture et pensait que les femmes n'étaient que des êtres culturellement inférieurs. Assignée à une place de « jolie idiote », elle l'a fortement intériorisée, désinvestissant la réussite scolaire et cultivant plutôt son physique et ses performances sportives.

Plus tard, dans ses relations amoureuses, Michèle a recherché des substituts paternels. Elle est en général attirée par des hommes plus âgés qu'elle ; mais face à eux, elle se sent toujours inintéressante (la « jolie idiote ») et tente constamment de rivaliser avec eux (la « garçon manqué ») ; elle anticipe le rejet qu'elle finit par induire par ses attitudes provocantes. Ses relations aux hommes sont donc marquées par des sentiments de dévalorisation, d'angoisse du rejet, d'envie et de rivalité qui transforment la relation en rapports de pouvoir et en affrontement.

2. Perception de soi et relation à autrui

L'intersubjectivité ne concerne pas seulement la façon dont les consciences individuelles communiquent. Elle est aussi le processus par lequel ces consciences se constituent. Il n'y a pas, en effet, antériorité de la conscience sur la communication. C'est à partir de l'interaction avec autrui que se constituent notre conscience de soi et la perception de notre identité (comme nous l'évoquions un peu plus haut par la citation de Winnicott sur l'importance du regard de la mère dans la construction du *soi* du bébé).

Cette problématique a été particulièrement explorée par le courant philosophique de la « phénoménologie » (Husserl, Heidegger, Sartre...) et par le courant de la psychologie qui en est issu : la « psychologie existentielle » (Binswanger, Rogers, Laing, Perls...).

- **Soi dans le regard d'autrui**

L'idée que la conscience que nous avons de nous-mêmes passe par le regard d'autrui est une idée fort ancienne développée par de nombreux philosophes et psychologues.

Déjà, F. Hegel avait fait de la lutte pour la *reconnaissance* le fondement des relations humaines (*La Phénoménologie de l'esprit*, 1806). De son côté, G. Mead, philosophe et sociologue américain, s'est efforcé de montrer que le *soi* (la conscience de soi en tant qu'individualité) est une construction progressive qui résulte des interactions sociales. C'est en adoptant le point de vue des autres que l'individu peut se percevoir comme une sorte d'objet doté d'une certaine identité. D'autant que la conception même de l'identité varie selon les cultures et les sociétés. Ce qui permet à G. Mead de conclure : « Le soi en tant qu'objet pour soi est essentiellement une structure sociale, et naît dans l'expérience sociale » (*L'Esprit, le Soi et la Société*, 1934, trad. Paris, PUF, 1963). Jean-Paul Sartre a approfondi cette problématique en soulignant combien autrui est présent de toute part à la conscience de soi (*L'Être et le Néant*, Paris, Gallimard, 1943). Nous vivons constamment sous le regard des autres et ce regard est profondément intériorisé : « Perpétuellement, où que je sois, on me regarde. » Car ce regard peut être le regard concret de mon interlocuteur ; mais aussi celui d'un autrui indifférencié, que j'ai intériorisé. Or la façon dont autrui me voit, ce qu'il pense de moi, m'échappe. Mon corps m'est présent en tant que vécu subjectif ; mais il existe aussi pour autrui en tant qu'objet de points de vue que je ne peux prendre.

La même dualité se retrouve dans ma perception d'autrui. En tant que sujet, je l'éprouve avec évidence mais je ne peux le connaître (car je ne sais pas quel est le vécu intime d'autrui) ; et si je cherche à le connaître et à agir sur lui, c'est son être-objet que j'atteins (ce que je vois de lui, de ses comportements, et que je peux saisir en extériorité).

- **Expérience et comportement**

Le psychiatre anglais Ronald Laing prolonge la pensée de J.-P. Sartre en soulignant qu'il y a une dissymétrie et une différence fondamentale dans le rapport à soi et le rapport aux autres (*cf. Soi et les Autres*, trad., Paris, Gallimard, 1971 et *La Politique de l'expérience*, trad. Paris, Stock, 1969). Autrui perçoit mes comportements mais n'a pas accès à mon expérience subjective (ce que je perçois, ressens et pense). À l'inverse, je suis en contact avec mon expérience subjective, mais je ne vois pas mes comportements comme autrui peut les voir (par exemple, habituellement, je ne vois pas mes gestes, mes mimiques, mes postures). Mon expérience d'autrui lui est invisible, comme m'est invisible son expérience de moi. Il n'y a donc aucun accès direct à l'expérience de l'autre ; les expériences subjectives sont très difficiles à communiquer.

L'intersubjectivité consiste alors dans l'interaction entre comportement et expérience : l'expérience que chacun a du comportement de l'autre. Mais tout ce que je sens, ressens ou pressens d'autrui fait partie de *mon* expérience ; les inférences que je peux faire sur son expérience à partir de ce que je vois de lui, de ses comportements, sont des actes d'attribution (c'est-à-dire que c'est moi qui attribue, à partir de ma propre expérience, telle ou telle signification à ses comportements).

Pour comprendre la nature profonde des relations humaines, R. Laing propose deux notions : la « confirmation » et la « complémentarité ». La notion de *confirmation* (dont le contraire est l'infirmation) désigne le fait qu'un des enjeux fondamentaux de la relation est de se voir confirmées par autrui certaines caractéristiques (place, rôle, traits) constitutives de l'identité que l'on revendique (par exemple, si je suis mère, j'attends de mes enfants qu'ils me renvoient l'image de « bonne mère » que je souhaite avoir de moi). La *complémentarité* signifie que toute relation implique une définition de soi par l'autre et de l'autre par soi. Il y a un rapport de complémentarité entre ces définitions (par exemple, les identités de parents et d'enfant, d'homme et de femme, d'enseignant et d'étudiant sont complémentaires car chacune se définit par rapport à l'autre).

- **Empathie et congruence**

On vient de voir qu'un des apports de R. Laing est de souligner que les deux types d'information que l'on peut avoir sur soi et sur autrui (les comportements et l'expérience subjective) sont radicalement disjoints. Cependant, d'autres psychologues, comme Carl Rogers, ont mis l'accent sur la plus ou moins grande capacité que nous avons à nous « mettre à la place d'autrui », à essayer de ressentir son expérience subjective telle que lui-même la ressent. C'est cette capacité qu'il désigne du terme d'*empathie*. Si elle n'existait pas, la communication serait très difficile (c'est ce qui arrive quand je dis de quelqu'un : « Je n'arrive vraiment pas à me mettre à sa place, à comprendre comment il fonctionne… »). Bien sûr, nous ne sommes jamais vraiment à la place d'autrui ; mais la résonance intérieure (émotionnelle, affective et cognitive) de ce qu'il exprime nous permet de comprendre ce qu'il peut ressentir et penser. Si je vois un ami pleurer, je suis touché directement par la détresse qu'expriment ses larmes ; je peux ressentir en moi-même son émotion et être moi-même au bord des larmes. Cela montre qu'il existe une sorte de communication immédiate qui passe par l'écho dans mon propre corps des manifestations corporelles et émotionnelles d'autrui. C'est ce que Jacques Cosnier appelle l'« échoïsation corporelle » dont il fait la base de l'empathie (*cf. Psychologie des émotions et des sentiments*, Paris, Retz, 1994).

Avec l'empathie, Carl Rogers met l'accent sur une autre disposition importante pour la communication interpersonnelle : la *congruence*. Cette notion, proche de celle, plus morale, d'authenticité, désigne l'adéquation entre ce qu'une personne ressent, la conscience qu'elle en a et la façon dont elle l'exprime : par exemple, si une accusation venant d'un ami me semble injuste, je peux ressentir de la colère, prendre conscience de ce sentiment et le lui exprimer (« Ce que tu viens de me dire me met en colère ») ; je suis alors congruent. Si, au contraire, je nie ma propre colère ou si je lui dis « Tout cela n'est pas grave », je ne suis plus congruent. Mais alors, quelque chose est faussé dans mon expression, qui risque de retentir sur la relation en la rendant plus opaque.

Ainsi l'empathie et la congruence peuvent apparaître comme les conditions d'une « bonne » communication et d'une « bonne » relation avec autrui.

Chapitre 4

Analyser les communications interpersonnelles

Dans les trois chapitres précédents, nous avons essayé de montrer comment peut s'analyser la *relation* interpersonnelle ; comment ses formes et sa nature sont déterminées par des facteurs de contexte, de distance et de temporalité ; comment elle se structure à partir de la notion de rapport de places et quels modèles permettent d'en rendre compte ; enfin, comment elle est sous-tendue par des mouvements affinitaires et des processus intersubjectifs.

Mais cette première approche qui a cherché à dégager les éléments structurants de la relation ne permet pas de saisir les aspects les plus vivants et les plus dynamiques du lien interpersonnel. C'est donc sur cet aspect que nous voudrions nous centrer maintenant en explorant la dimension interactive de la relation. Concrètement, la relation naît, se développe et évolue à travers des rencontres, des contacts, des échanges... bref, des *communications*.

Nous allons donc aborder la communication interpersonnelle en présentant les concepts, les outils et les modèles qui permettent de l'analyser.

Ce qu'on nomme « communication » peut prendre, bien entendu, des apparences multiples : une conversation amicale, une confrontation d'opinions, un échange professionnel, une dispute, un échange de regards, un dialogue amoureux... Qu'est-ce qui, au-delà des différences, peut justifier l'usage d'un même terme ? C'est qu'à travers les diverses formes de communication, on peut mettre en lumière des éléments structurels, des fonctions et des processus semblables. On peut donc proposer une formalisation générale des communications interpersonnelles. De nombreux modèles ont ainsi été élaborés dans ce sens (*cf.* G. Willet, *La Communication modélisée*, Ottawa, ERPI, 1992). Il ne s'agit pas d'en faire une présentation systématique mais plutôt de dégager progressivement, en puisant dans différents modèles, les notions les plus utiles pour analyser les communications interpersonnelles.

I. LES MODÈLES DE LA COMMUNICATION

La communication a d'abord été conçue comme le simple transfert d'une information depuis une source (qui la détient) jusqu'à une cible (qui la reçoit). Le modèle de Shannon et Weaver (1949) représente bien cette conception qu'on a appelée « télégraphiste » de la communication (*cf.* Y. Winkin, *Anthropologie de la communication*, Bruxelles, De Boeck Université, 1996). Le transfert d'information s'y effectue sous la forme d'un signal codé, envoyé par un émetteur, et décodé par un récepteur en tenant compte de phénomènes parasites (des « bruits ») qui viennent le brouiller ou le déformer.

La faiblesse de cette conception un peu trop « mécaniciste » apparaît très vite : il met en scène de simples entités sans ancrage psychosocial, définies par leur seul rôle d'émetteur ou de récepteur et envoyant (ou recevant) sans état d'âme des messages indifférenciés… On fait comme si : « Passe-moi le sel » ou « Je t'aime » ne faisait guère de différence. C'est, à l'évidence, peu crédible. C'est pourquoi, peu à peu, différents ajouts et modifications ont été apportés pour enrichir ce premier modèle. La notion de « message » est devenue plus concrète : on a évoqué l'importance de son contenu, du ton employé… On a aussi affiné la notion de « code » en distinguant les niveaux linguistique et culturel : parler anglais ou français, mais aussi un langage châtié ou l'argot ; appliquer ou non les règles de politesse… On a ajouté des éléments, celui de « contexte » notamment, pour marquer l'importance de l'environnement spatial, culturel et psychologique dans lequel évoluent les interlocuteurs… Une transformation importante est intervenue lorsque le récepteur a perdu de sa passivité grâce à l'introduction de la notion de « *feed-back* », terme issu de la cybernétique et désignant la réaction du récepteur au message et son retour vers l'émetteur. Les protagonistes ne se voyaient plus ainsi assigner des places figées dans l'activité ou la passivité ; et l'accent était mis sur la notion d'interaction qui introduit l'idée d'action en retour et de circularité dans le processus de communication.

En 1960, une avancée fondamentale a été opérée par le linguiste Roman Jakobson (*cf. Essais de linguistique générale*, trad., Paris, Éditions de Minuit, 1963) lorsqu'il a fait correspondre des fonctions spécifiques à chacun des éléments de son modèle. Grâce à lui, on est ainsi passé d'une conception statique et descriptive à une conception « fonctionnaliste » et dynamique de la communication. Par exemple, à l'émetteur (ici appelé « destinateur ») il associe une fonction « émotive » car il est engagé affectivement dans ce qu'il dit et exprime quelque chose de lui-même par son énonciation. En direction du destinataire, la communication a une fonction « conative », c'est-à-dire qu'elle cherche à agir sur lui (le convaincre, l'instruire, le séduire...). R. Jakobson montre aussi que la forme du message a également une fonction (dénommée « poétique ») ; car il n'est pas indifférent de demander à quelqu'un de se taire par la formule « Pourriez-vous vous taire s'il vous plaît ? » ou l'injonction « Boucle-la ». Le sens et le résultat recherché sont les mêmes, mais la signification est très différente. Jakobson distingue encore une fonction « phatique » relative à l'ouverture du canal de communication (le « Allô » au téléphone) ; une fonction « référentielle » dans la mesure où la communication renvoie toujours à un contexte dont elle tire une partie de sa signification (chuchoter, par exemple, dans une église est une marque de respect pour le caractère sacré du lieu). Enfin, une fonction « métalinguistique » qui intervient chaque fois que les interlocuteurs vérifient qu'ils utilisent bien le même code (« On est bien d'accord ? », « Qu'est-ce que tu entends par ce mot ? »).

C'est également une conception dynamique qu'on retrouve dans un des derniers modèles à avoir eu un certain retentissement : celui du linguiste et anthropologue américain Dell Hymes (1962), appelé « *S.P.E.A.K.I.N.G.* » parce que les initiales des huit éléments qui le composent forment, en anglais, le mot *speaking*. L'intérêt essentiel de ce modèle est d'accorder une large place au contexte psychologique et social de la communication, ainsi qu'à la relation qui unit les protagonistes. Grâce à la notion de « finalité », il montre aussi l'importance des intentions et des résultats obtenus sur le déroulement d'une communication.

L'intérêt de ces différents modèles est de nous permettre d'analyser les différentes situations de communication interpersonnelle. Leur efficacité réside donc dans leur adéquation à la réalité et ils doivent faire apparaître l'ensemble des paramètres qui interviennent dans une relation donnée ; non seulement les différents éléments, leurs fonctions et leur importance respective, mais aussi la façon dont ils interagissent entre eux. Car un acte de communication se présente comme un système complexe, dynamique, producteur de sens et porteur d'enjeux pour les interlocuteurs, aux finalités multiples dans lequel le transfert d'information n'est qu'un aspect parmi d'autres. Car « communiquer », c'est aussi : définir une relation, affirmer son identité, négocier sa place, influencer l'interlocuteur, partager des sentiments ou des valeurs et, plus largement, des significations.

II. FORMES ET NIVEAUX DE SIGNIFICATION

Les significations portées par la communication ne se limitent pas au sens verbal des paroles échangées. Il y a dans la plupart des actes de langage un sens explicite et un sens implicite, un contenu informatif et une définition de la relation entre les interlocuteurs, un message verbal et un message non verbal. Ce sont ces différentes formes et ces différents niveaux de signification que nous allons maintenant explorer.

1. Les formes d'expression : communication verbale et communication non verbale

La communication peut être appréhendée comme un échange de signaux et l'étude de ces signaux (leurs natures, leurs rôles, leurs fonctions...) présente un intérêt certain pour la compréhension du processus de communication. Les linguistes, à la suite de Ferdinand de Saussure, ont créé une discipline – la sémiologie – ayant pour objet l'étude des signes au sein de la vie sociale. Cependant, leurs analyses ont porté sur l'échange verbal et ils ont négligé un aspect pourtant essentiel : la communication non verbale, c'est-à-dire tout ce qu'on peut exprimer à travers des gestes, des postures, des mimiques, des inflexions de la voix, etc.

Pourtant, dès les années cinquante, on s'était assez vite rendu compte que la communication interpersonnelle ne reposait pas sur un seul type de signaux et qu'il était impossible de la réduire à la seule communication verbale.

La distinction entre communications verbale et non verbale s'inscrit dans une distinction plus large introduite par l'École de Palo Alto entre communication digitale et communication analogique.

- **Communication digitale et communication analogique**

Cette distinction fut élaborée par Gregory Bateson en référence au langage informatique En effet, on oppose généralement deux types de machines : les machines « digitales » qui traduisent les données à l'aide de nombres ou de codes arbitrairement attribués (à la manière dont un numéro de sécurité sociale peut figurer un membre affilié) ; et les machines « analogiques » qui utilisent des « analogues de données », c'est-à-dire des signaux qui entretiennent un rapport, même lointain, avec les données (comme les icônes d'un ordinateur). On peut illustrer ces deux modes de fonctionnement par les deux types de montres qui existent sur le marché. Dans les montres dites « digitales », l'heure s'affiche sous forme de chiffres ; dans les autres, la position des aiguilles autour du cadran figure de façon analogique l'avancée du soleil au long de la journée.

Pour communiquer, nous émettons des signaux qui peuvent être arbitraires ou analogiques. Ainsi, c'est par pure convention qu'un mot désigne un objet, une notion, un sentiment ou un concept : une « table », un « chat », la « patrie » ou la « haine » se traduisent par autant de mots (signaux verbaux) qu'il y a de langues. En revanche, le petit geste de l'index qu'on adresse à quelqu'un pour le faire venir près de soi figure le sens du trajet qu'on désire lui voir effectuer ; il y a donc un lien entre ce que l'on veut exprimer (le « signifié ») et le moyen dont on se sert pour l'exprimer (le « signifiant »).

Le langage digital est beaucoup plus précis et rigoureux que le langage analogique, ce qui laisse peu de place aux erreurs de compréhension. En revanche, le langage analogique est plus flou mais plus évocateur ; au sein même du langage verbal, c'est, par exemple, l'image ou la métaphore que l'on utilise pour traduire la richesse d'un sentiment (dire, à l'instar de Victor Hugo, « Tu es mon lion superbe et généreux » est plus expressif que « J'admire ta force »).

Le « digital » est le mode d'expression pertinent lorsqu'on veut transmettre une information, une idée, un raisonnement. En revanche, tout ce qui est du domaine de l'émotion, du ressenti, du vécu trouve une traduction plus naturelle dans le mode analogique.

L'opposition « mode digital/mode analogique » rejoint, jusqu'à un certain point, celle qui existe entre communication verbale et communication non verbale. Les signaux verbaux (appelés « signes » dans la tradition linguistique) sont, à de très rares exceptions près, de la première catégorie ; alors que la plupart des signaux non verbaux appartiennent à la seconde. Et l'on peut ainsi créer un pont entre les travaux de l'École de Palo Alto et d'autres types de classifications, comme celle de Jean Piaget (*Épistémologie des sciences de l'homme*, Paris, Gallimard, 1970). Selon le type de lien que le signifiant et le signifié entretiennent entre eux, il distingue deux sortes de signaux analogiques (encore appelés « motivés ») : les « indices » et les « symboles ».

Lorsque, sous le coup d'une émotion, on rougit violemment ou que des larmes jaillissent de nos yeux, on peut dire qu'il y a adéquation totale entre le signifié (la douleur, la peine ou la joie) et le signifiant (la rougeur ou les larmes). Il s'agit alors d'un « indice » et il est généralement involontaire. Par ailleurs, si j'écarte mes mains pour figurer la grandeur d'un objet ou si je mime le dégoût pour exprimer mon refus d'une offre, on peut dire que le signifiant (le geste accompli) conserve un lien de ressemblance avec le signifié (la grandeur de l'objet ou la force de mon refus). On a alors affaire à un « symbole » et c'est un acte volontaire et codifié.

- **Les fonctions de la communication non verbale**

La communication non verbale, loin d'être un élément secondaire ou accessoire dans un échange, y assume, au contraire des fonctions essentielles.

La recherche sur la communication non verbale n'a vraiment pris son essor que dans les années cinquante avec les travaux de Ray Birdwhistell sur la « kinésique », approche qui traite des expressions corporelles en ce qu'elles ont de signifiant dans les relations. On a ainsi vu naître et se développer un très grand intérêt pour toutes les formes d'expression corporelle. L'analyse des mimiques faciales (P. Ekman, R.V. Exline, R. Birdwhistell), la gestuelle (D. Morris, *La Clé des gestes*, trad. Paris, Grasset, 1977), la ritualisation des attitudes (D. Picard, *Du code au désir*, Paris, Dunod, 1983), la tenue et l'apparence (D. Jodelet, « La représentation du corps, ses enjeux privés et sociaux », *in* J. Hainard et R. Kaehr, *Le Corps en jeu*, Neuchâtel, Musée d'ethnographie, 1983), etc. Parmi ces recherches, il est possible de repérer quelques grands courants. Beaucoup de travaux ont porté sur l'expression et la transmission des émotions (P. Ekman, *Emotion in the Human Face*, Pergamon Press, 1972 ; R.V. Exline, *in* J.K. Cole, *Current Theory and Research in Motivation*, University of Nebraska Press, 1972 ; Duclos, « Emotion – specific effects of facial expression and postures on emotional experience », *Journal of Personality and Social Psychology*, 1989, 37-1 ; etc.). Le visage est apparu comme une zone privilégiée pour l'expressivité émotionnelle, mais certains gestes assument également cette fonction : serrer les poings traduit la colère, mettre sa main devant sa bouche la gêne ou la honte… Un autre aspect de la question a également mobilisé beaucoup d'intérêt ; il s'agit du rôle joué par la « distance interpersonnelle » comme facteur de communication (Edward T. Hall, *op. cit.*, 1971 ; M. Argyle, *Bodily Communication*, Londres, Methuen & Co. Ltd., 1975 ; etc.). On a ainsi pu repérer que la distance, à laquelle on se place vis-à-vis des autres, est influencée par la façon dont on les perçoit : par exemple, on s'approche plus de quelqu'un qui partage nos opinions ou qui a le même statut social. L'importance des facteurs culturels a également été largement démontrée (*cf.* chapitre 1).

Les fonctions assumées par le non-verbal ont également suscité une attention particulière et plusieurs catégorisations ont été élaborées (notamment par P. Ekman, *op. cit.* ; M. Argyle, *op. cit.* ; J. Cosnier, *in* J. Cosnier et A. Brossard, *La Communication non verbale*, Neuchâtel, Delachaux et Niestlé, 1984 ; Rodolphe Ghiglione, *L'homme communiquant*, Paris, A. Colin, 1986 ; etc.). On peut les ramener à trois fonctions principales (*cf.* E. Marc et D. Picard, *L'Interaction sociale*, Paris, PUF, 1996) :

– la première est une « fonction de communication » dans la mesure où de nombreux signaux corporels sont utilisés pour donner des informations ou transmettre des états émotionnels (opiner de la tête pour acquiescer, sourire pour exprimer sa sympathie...) ;
– la seconde est une « fonction relationnelle et régulatrice » qui permet la structuration des échanges (poser sa main sur l'épaule pour marquer sa compassion, regarder son partenaire pour manifester son attention, lever le doigt pour prendre la parole...) ;
– enfin, une « fonction symbolique » est assurée par des signaux qui ne prennent sens qu'à l'intérieur d'un rituel (s'agenouiller à la messe, se lever à l'arrivée d'un invité...).

Cependant, l'importance de la communication non verbale ne doit pas nous faire oublier que le verbal et le non verbal s'associent pour produire une « communication totale ». Beaucoup de gestes et de mimiques sont là pour appuyer ou accompagner le discours.

Les gestes soulignent et ponctuent naturellement la parole ; le regard marque l'attention et les sentiments portés à l'interlocuteur ; les bras croisés peuvent traduire une attitude de défense, etc.

2. Le partage du sens et les différents niveaux de communication

Un grand pas a été fait dans la compréhension de la communication interpersonnelle lorsqu'on est passé de la notion de « message » à celle de « partage des significations » ou de « co-construction du sens ». Ces expressions suggèrent un processus interactif où chacun des interlocuteurs intervient activement dans la production du message. Pour faire un pas de plus, il convient de distinguer plusieurs « niveaux » dans la communication : on peut ainsi différencier la « signification » et le « sens » d'une part ; le « contenu » et la « relation » d'autre part.

- **Signification explicite et sens implicite**

Prenons l'exemple d'un jeune homme qui, à la veille d'un week-end, annonce à l'une de ses collègues pour laquelle il ressent une certaine attirance : « Ma femme est partie voir sa mère hospitalisée à Strasbourg, et je vais être obligé de manger des conserves pendant deux jours. » En disant cela, il émet un « message » qui se situe à deux niveaux : au niveau explicite, il énonce un fait concernant sa situation présente ; c'est la « signification » linguistique de son énoncé. Mais il est probable que son but, à travers cette confidence, n'est pas seulement de renseigner sa collègue sur sa vie privée. Il essaie sans doute aussi de l'apitoyer un peu pour qu'elle l'invite à dîner ou (qui sait ?) pour qu'elle se propose comme « cuisinière » pour tout le week-end.

On voit donc qu'à côté de la signification linguistique du message, il existe une forme d'intentionnalité implicite chez celui qui parle : chercher, par son message, à produire un certain effet chez son interlocuteur. C'est cet aspect qu'on peut appeler le « sens » du message (*cf.* E. Marc et D. Picard, *L'Interaction sociale*, *op. cit.*).

Dans l'exemple choisi, l'intentionnalité était assez marquée et, très probablement, consciente et volontaire. Cela n'est pas toujours aussi net dans tous les types de communication. La psychanalyse nous a appris, par exemple, qu'un lapsus peut exprimer des motivations inconscientes à l'insu du locuteur.

- **Contenu et relation**

Depuis les travaux de l'École de Palo Alto, on distingue également deux niveaux d'informations dans un message (*cf.* P. Watzlawick *et al.*, *Une logique de la communication*, Paris, Le Seuil, 1972) :

– celui qui se rapporte au « contenu » (et qui prend la forme d'un renseignement, d'une opinion, d'un jugement, d'un sentiment...) ;
– et celui qui touche à la « relation » qui unit les partenaires (pour la confirmer, l'infléchir, la corriger...).

Pour comprendre cette distinction, on peut prendre l'exemple d'un étudiant qui annonce à l'un de ses camarades : « Ce soir, je vais au cinéma. Tu m'accompagnes ? » À un premier niveau (celui du « contenu »), il renseigne son camarade sur son emploi du temps et lui propose de partager une activité avec lui. Au niveau de la « relation », il exprime également qu'il existe entre l'autre étudiant et lui un lien privilégié se traduisant, notamment, par le partage d'activités de loisir en dehors de la fac.

Si cette proposition est la première du genre, le locuteur exprime son désir de voir infléchir la relation entre son interlocuteur et lui vers plus d'intimité ; s'ils ont l'habitude de sortir ensemble, le message ne fait que confirmer leur relation.

De façon plus ou moins marquée, de manière consciente ou non, on trouve ces deux niveaux dans la plupart des communications. On peut donc dire qu'un acte de communication tend aussi à proposer (ou à négocier) une « définition de la relation » entre les acteurs, définition qui précise ce que l'on est pour l'autre et ce qu'il est pour nous et qui conduit à établir entre les protagonistes un certain rapport de places (*cf.* chapitre 2).

Entre ces deux niveaux, il peut y avoir congruence (s'ils vont dans le même sens) ou discordance (s'il n'y a pas de cohérence entre eux). Reprenons l'exemple précédent et supposons que le message « Ce soir je vais au cinéma, tu m'accompagnes ? » soit prononcé d'une voix sèche et peu engageante, alors que le locuteur a déjà la main sur la porte et sans qu'il jette un regard sur son camarade. On peut dire alors qu'il y a discordance entre le contenu (une proposition d'activité commune) et la relation (manifestation de froideur). Le camarade a alors le choix de répondre à l'un ou à l'autre des deux niveaux du message qu'il reçoit. S'il répond : « OK, attends-moi, j'arrive », il sélectionne le seul niveau du contenu. S'il réagit vivement par un : « Je ne voudrais pas m'imposer », il ne retient que le niveau de la relation (et si son ami est lâche ou de mauvaise foi, il pourra d'ailleurs s'entendre répondre : « Mais qu'est-ce qui te prend ? Si tu n'en as pas envie, dis-le »).

III. APPROCHE INTERACTIONNISTE ET SYSTÉMISTE DE LA COMMUNICATION

Cette approche veut prendre en compte la complexité des situations réelles. Or celle-ci peut difficilement être formalisée dans un schéma qui, par essence, est réducteur. On peut le voir, par exemple, avec le modèle de D. Hymes : représenter la communication par un mot (*speaking*) frappait les esprits et était sans doute une bonne idée pédagogique. Mais cela a obligé son auteur à limiter le nombre de ses éléments à huit (pour les huit lettres du mot) et l'a entraîné à concevoir des notions polysémiques et peu opérationnelles : la « situation », par exemple, désigne à la fois le cadre physique et le contexte psychologique ; les « finalités » (*ends*) englobent les intentions et les résultats ; les « instruments » rassemblent les canaux et les formes de la parole…

Il est sans doute nécessaire de changer désormais de perspective. Ce qui prime, c'est de saisir la communication comme un processus complexe et dynamique. À chaque niveau, les éléments qui interagissent ne sont pas des « données », mais des phénomènes qui se construisent et prennent forme peu à peu : dans la représentation que s'en font les protagonistes, dans la façon dont ils les utilisent à des fins stratégiques et se laissent influencer par eux. Un « modèle » ainsi conçu n'a plus rien de la fixité d'un « schéma ».

Pour expliquer et illustrer une telle démarche, le plus simple est de partir d'une situation concrète : un entretien d'embauche pour un emploi de cadre commercial, mettant face à face une candidate (Jeanne, 28 ans, diplômée d'une école de commerce) et un recruteur (Raoul, 42 ans, adjoint au chef du personnel). On peut, à partir de cet exemple, considérer les éléments fondamentaux qui se combinent pour produire cette situation.

1. Les acteurs

Ils sont ici au nombre de deux, ayant chacun une identité caractérisée par leur statut (âge, sexe, profession...), leur personnalité, leur histoire, leurs expériences, leurs systèmes de valeurs, leurs groupes d'appartenance et de référence, etc.

Pour comprendre ce qui se passe entre Jeanne et Raoul, on peut considérer leurs statuts respectifs et voir, par exemple, si l'aspect professionnel de l'entretien sera ou non parasité par la différence des sexes. Ainsi, elle ou lui (ou tous deux) peuvent vouloir privilégier le professionnel ou, au contraire, mettre en avant une relation homme-femme ; le choix de l'une ou l'autre de ces options peut se faire de façon délibérée ou inconsciente, par calcul ou par réflexe... L'attitude de Jeanne dépendra sans doute de sa situation professionnelle (chômeuse, ambitionnant une promotion, tentant une nouvelle possibilité d'emploi) ; Raoul, lui, peut prendre plaisir à ce travail de sélection, ou s'y sentir mal à l'aise, etc.

Quoi qu'il en soit, les acteurs ne peuvent plus être perçus comme des « émetteurs » *ou* des « récepteurs » : ce sont des « interlocuteurs » qui s'inter-influencent mutuellement. Jeanne, par exemple, peut ressentir le fait d'être une femme comme un handicap, puis, devant l'attitude bienveillante de Raoul, l'envisager au contraire comme un atout et jouer de sa séduction ; mais si elle en « fait trop », cela peut effaroucher Raoul qui marquera une certaine distance, ce qui amènera la jeune femme à reprendre un comportement plus « professionnel »... Ainsi, Jeanne et Raoul ne campent pas sur des positions prédéterminées : entre eux s'établit peu à peu une véritable *relation* qui touche au *rapport de places* (*cf.* chapitre 2) qui les unit et à la *représentation de soi* que chacun cherche à donner sans la maîtriser complètement. Au départ, la situation elle-même confère à Jeanne (la solliciteuse) une apparente position « basse » ; mais peu à peu, si son interlocuteur croit voir en elle la femme de la situation, leur relation peut devenir plus symétrique, voire même se renverser et donner à Jeanne la position « haute » de celle qu'on sollicite.

2. Le partage du sens

Les acteurs parlent, bougent et évoluent sous le regard de l'autre ; et ce qu'ils échangent ainsi, c'est plus du *sens* que des « messages » ou de l'« information ».

En entrant dans le bureau de Raoul, Jeanne envoie simultanément une multitude d'informations qui, combinées entre elles, produisent une certaine impression sur son interlocuteur : son tailleur bien coupé, sa coiffure soignée, son maquillage discret lui donnent un air distingué ; sa voix posée, la façon directe et précise dont elle répond aux premières questions font qu'il émane d'elle un certain sérieux ; la justesse de ses remarques signale son intelligence ; la petite lumière qui fait parfois briller son regard prouve qu'elle n'est pas dénuée d'humour... Tout en essayant de maîtriser l'effet qu'elle veut produire, elle s'attache à deviner ce que Raoul pense d'elle et de sa candidature : ce petit sourire en coin signifie-t-il qu'une certaine connivence s'installe entre eux ou bien qu'il ne la prend pas au sérieux ? Doit-elle jouer la complicité ou maintenir les distances ?...

Tout comportement a valeur communicative, car tout comportement est susceptible de prendre sens aux yeux d'un observateur. C'est ainsi qu'il faut comprendre le principe posé par l'École de Palo Alto : « On ne peut pas ne pas communiquer » (*cf.* E. Marc et D. Picard, *L'École de Palo Alto*, *op. cit.*). Les messages ainsi émis peuvent être à la fois verbaux (des paroles) et non verbaux (une certaine façon de se mouvoir, de s'asseoir, de poser sa voix, de rire, de se vêtir...). Et, la plupart du temps, on n'isole pas une forme d'expression ou une autre : c'est l'ensemble de ce qu'on émet et reçoit globalement qui donne et prend du sens. C'est pourquoi on peut parler d'une « multicanalité » de la communication (*cf.* J. Cosnier et A. Brossard, *La Communication non verbale*, *op. cit.*).

On perçoit bien que le sens ainsi attaché aux comportements n'est pas une « donnée » enregistrée passivement par l'observateur ; au contraire, c'est lui qui va construire ces significations en « interprétant » les messages qu'il perçoit. Ce travail d'interprétation n'est en rien réductible au « décodage » des modèles traditionnels ; car l'observateur, dans le processus de compréhension, se sert plus de ses propres grilles de référence que de celles qui ont servi au codage des messages chez l'émetteur des signaux. Ainsi, Jeanne, voulant paraître calme et posée s'appliquera à maîtriser ses gestes et son flux verbal ; mais Raoul pourra percevoir cette attitude comme une manifestation de timidité.

C'est ce travail d'interprétation et d'élaboration de l'interlocuteur que traduit la notion d'« inférence ».

Mais revenons à la situation. Jeanne, qui est fine et attentive, se rend vite compte que son attitude ne produit pas l'effet escompté : Raoul n'a pas l'air impressionné par son calme, mais plutôt amusé par ce qu'il pense être un manque de confiance. Elle va, par un effet de *feed-back*, « rectifier le tir » (par une pose moins raide, quelques traits d'humour, un regard plus vif). Et il y a quelque chance, alors que le point de vue de Raoul évolue.

On voit donc que le sens des messages émis durant cet entretien (dont le but est de savoir si Jeanne convient ou non pour le poste proposé) constitue un processus interactif et découle d'une « négociation » entre les interlocuteurs. C'est une sorte de « co-construction du sens » dans la communication.

3. Le contexte

Nous en avons déjà parlé dans le premier chapitre. Nous abordons ici les éléments qui peuvent permettre d'analyser notre exemple. Le contexte est un autre élément fondamental car, souvent, un échange ne prend sens que par rapport à lui. Ici, le contexte d'entretien d'embauche explique que Jeanne accepte qu'un quasi-inconnu lui pose des questions jugées ailleurs « indiscrètes » : sur son âge, son origine sociale, ses ambitions secrètes... On peut donc dire ici que le contexte est en lui-même porteur de normes et de règles qui font de lui un élément structurant de la communication (et non la simple « toile de fond » des modèles classiques).

Cependant, ce qu'on appelle « contexte » est un élément complexe dans lequel il convient de distinguer au moins deux aspects : le « co-texte » et la « situation ».

- **Le co-texte**

Il appartient au domaine langagier et correspond à ce que les linguistes appellent « l'environnement discursif d'une séquence », c'est-à-dire l'ensemble des mots et propositions qui, placés autour d'une expression, lui donnent son sens. Par exemple, le mot « salut » signifie « bonjour » lorsqu'il ouvre un dialogue et « au revoir » lorsqu'il le clôt.

Si Jeanne, alors qu'elle expose ses responsabilités actuelles, s'entend demander comment elle a pu négocier ses atouts féminins, elle comprend fort bien que la question est une incitation à parler de sa démarche professionnelle et qu'elle n'a pas de connotations sexuelles.

- **La situation**

Ce terme regroupe les éléments extra-langagiers du contexte : le « cadre » (les aspects matériels, topologiques et temporels), l'« institution » (la culture dans laquelle s'inscrit l'échange) et même d'éventuels « participants » (car la présence d'un tiers influence toujours sur le processus de communication).

Dans notre entretien d'embauche, un bureau spacieux ou étroit, un mobilier cossu ou banal, la distance entre les fauteuils, une bonne ou une mauvaise isolation acoustique… favoriseront ou inhiberont un certain ton de confidence et donneront envie ou non à Jeanne de décrocher le poste ou d'y renoncer. De même, le fait que l'entretien soit, pour l'un ou l'autre, le premier de la matinée ou le dernier de la journée, pourra d'emblée le rendre pesant ou facile.

L'aspect « institutionnel » y est représenté par les codes, les normes, les rituels, les représentations ou les modèles inspirés par la situation d'embauche dans la culture d'entreprise d'aujourd'hui et dans notre pays. Ainsi, puisque nous sommes en France, Raoul ne cherchera probablement pas à savoir comment Jeanne a voté aux dernières élections ; mais si son travail doit l'amener à travailler avec les États-Unis, il peut se sentir en droit de lui demander si elle a jamais été inscrite au Parti communiste.

Enfin, la présence d'un jeune stagiaire auprès de lui peut inciter Raoul à désirer briller : être plus précis, plus incisif, plus astucieux...

Le contexte influe donc beaucoup sur le comportement des interlocuteurs. Mais ce serait une erreur de l'appréhender comme un élément extérieur aux acteurs. En effet, l'influence d'une situation sur la communication vient essentiellement de la façon dont elle est perçue et ressentie par chacun des protagonistes. En entrant dans le majestueux bureau de Raoul, dans ce bel immeuble du centre ville, Jeanne, qui jusqu'à présent n'a occupé qu'un poste subalterne dans une PME de la banlieue nord, peut se sentir mal à l'aise, déplacée et accumuler les maladresses. Mais elle peut aussi y voir une sorte de *challenge* et retrouver le goût du combat et le plaisir de vaincre qui lui ont fait réussir brillamment ses examens. Elle peut d'ailleurs elle-même, par un effort de volonté ou par un mécanisme inconscient, passer de la première impression à la seconde. C'est cette possibilité de changer de point de vue sur un élément donné et la signification subjective qu'il revêt qu'exprime la notion de « recadrage » (élaborée par l'École de Palo Alto).

4. Le système de régulation

Les modèles classiques ont montré, à juste titre, l'importance de la codification dans la communication. Mais à côté du code qui touche essentiellement à l'échange langagier, il existe également un *système de régulation* fait de contraintes, de normes et de règles, qui préside à la communication tout entière.

Différents niveaux de règles s'articulent ainsi : des règles propres à la langue (que les modèles linguistiques ont depuis longtemps mis en évidence), des règles rituelles (que nous avons déjà mentionnées au chapitre 2) et des règles conversationnelles qui opèrent souvent sans que les interlocuteurs en soient réellement conscients et qui forment ce qu'on appelle le « contrat de communication » (*cf.* R. Ghiglione, *L'Homme communiquant*, *op. cit.*). Cette notion signifie que lorsque l'on s'engage dans une conversation, on s'accorde de façon implicite sur un certain nombre de règles et de principes (comme l'alternance de tours de parole, le fait de ne pas couper l'interlocuteur, de ne pas aborder des thèmes qui peuvent le mettre mal à l'aise...) qui rendront cet échange possible.

Selon le « principe de pertinence » propre à l'entretien d'embauche, Jeanne et Raoul, bien qu'ils se voient pour la première fois, peuvent aborder assez vite des sujets d'ordre personnel (comme le niveau d'aspiration sociale ou les choix de valeurs). Tous deux sont tacitement d'accord pour que l'entretien se déroule à un niveau assez personnel mais n'impliquant pas la vie privée de l'interlocuteur. Jeanne accepte implicitement d'être questionnée, Raoul s'engageant à lui porter une attention essentiellement professionnelle (principe de réciprocité).

Si le système de régulation impose des contraintes aux acteurs, ceux-ci peuvent néanmoins se servir de ces règles à des fins stratégiques ou personnelles. Ainsi, on peut souligner une transgression de l'interlocuteur (« Je vous prie de ne pas m'interrompre ») pour reprendre l'avantage dans une discussion.

5. La dynamique interactionnelle

La communication est un acte social. En tant que telle, elle est porteuse d'enjeux opératoires (pour Jeanne, décrocher un emploi) ou symboliques (faire reconnaître sa valeur). Pour atteindre ses objectifs, Jeanne va tâcher de convaincre son partenaire et va, pour cela recourir à des arguments qu'elle juge efficaces. De son côté, Raoul est conscient du jeu de la jeune femme et va chercher, quant à lui, à déceler la crédibilité de ses arguments. Il est donc possible de considérer la communication interpersonnelle comme un ensemble interactif de démarches stratégiques, aspect que nous allons développer dans le chapitre suivant.

Chapitre 5

Comprendre la dynamique psychologique relationnelle

Nous venons de présenter les principales notions et les modèles qui nous permettent de décrire et d'analyser les communications interpersonnelles. Il risque cependant d'en résulter une vision plutôt statique. Il convient donc de rétablir l'aspect dynamique de la communication qui est un processus vivant, sous-tendu par des motivations, impliquant des enjeux et orienté vers des objectifs.

C'est cette perspective dynamique que nous allons développer dans ce chapitre et le suivant. Nous serons amenés, là aussi, à nous distancier des modèles présentant la communication selon un processus simple et linéaire. Ces modèles ne prennent pas suffisamment en compte la complexité et, surtout, la conflictualité des sujets communicants pris souvent dans des motivations contradictoires : s'ouvrir à autrui et se préserver du contact ; se dévoiler et protéger son intimité ; coopérer et entrer en compétition ou en rivalité, etc. Ce sont ces mouvements contradictoires d'ouverture et de fermeture, de désirs et de défenses, de convergence et de divergence qui animent les communications interpersonnelles et leur confèrent toute leur richesse.

Nous allons donc mettre l'accent sur la conflictualité inhérente à l'expression de soi face à autrui, sur les processus intersubjectifs à l'œuvre dans la communication et sur la dimension énergétique de ces processus (présente, notamment, dans sa composante émotionnelle).

I. LA CONFLICTUALITÉ DANS L'EXPRESSION DE SOI

S'exprimer est un phénomène tellement banal qu'on le traite souvent comme une sorte d'évidence qui ne soulève guère de questions. Cependant, si l'observation suggère que c'est le cas dans de nombreuses situations quotidiennes, elle montre aussi qu'il y a autant de situations où l'expression pose problème (« J'ai peur de lui parler » ; « Est-ce que je peux lui dire ce que je pense ? » ; « Comment va-t-il le prendre ? » ; « Comment lui faire comprendre ce que je ressens ? » ; « Il faudrait pourtant que je lui dise » ; etc.).

On constate dans ces cas un conflit entre une force qui pousse à l'expression (motivation, intérêt, intention...) et une autre force qui tend au contraire à réprimer, à contrôler ou à modifier cette expression (peur, inhibition, censure, précaution...). Ces deux forces sont influencées par la représentation que se fait le locuteur de l'interlocuteur et de ses réactions possibles. La communication effective (qui peut être une prise de parole, mais aussi le silence) apparaît alors comme une *formation de compromis* entre ces deux forces, entre l'intention expressive initiale (ce que le sujet avait envie de dire) et les résistances à l'expression (tout ce qui l'empêche de dire).

Une première manifestation de ce compromis est le partage entre le *dit* et le *non-dit* : dans ma relation à autrui, il y a une partie de mon expérience subjective (sensation, sentiments, désirs, idées, souvenirs, jugements...) qui fait l'objet de mon discours intérieur que je peux exprimer à mon interlocuteur et une partie que je préfère garder pour moi.

Une autre manifestation est l'intervention de « mécanismes de défense communicationnels » qui conduisent à annuler, modifier ou transformer l'expression et la forme du message.

Ce qui sous-tend cette conflictualité expressive, c'est la division et la conflictualité inhérente au sujet lui-même : division entre les instances de la personnalité et entre le conscient et l'inconscient sur laquelle la psychanalyse a mis l'accent ; mais division aussi entre le soi social et le soi intime qui est généralement beaucoup moins prise en compte (*cf.* E. M. Lipiansky, *Identité et Communication*, Paris, PUF, 1992).

- **Soi social/soi intime**

Dans l'expérience subjective et la conscience de soi, chacun perçoit une nette distinction entre les aspects extérieurs de soi qui sont offerts au regard d'autrui (qui ont, par là même, un caractère « public » et social) que l'on peut appeler le « soi social » ; et les aspects intérieurs, accessibles au seul sujet et invisibles aux autres (qui ont, eux, un caractère « privé », intime) que l'on peut appeler le « soi intime ».

Le soi social est constitué par l'apparence et les comportements du sujet. Il s'offre sous la forme d'une certaine « façade », d'une image de soi, dont chacun sait qu'elle va être perçue et jugée par autrui. Il demande donc une certaine « mise en scène », pour utiliser une métaphore développée par E. Goffman (*La Mise en scène de la vie quotidienne*, *op. cit.*). Nous n'avons qu'une vision confuse de notre « soi social », car il est largement médiatisé par ceux qui en sont les destinataires. Nous le percevons à travers le miroir d'autrui. Par contre, nous sommes les seuls à connaître notre « soi intime », dont quelques aspects peuvent cependant filtrer à l'extérieur à travers nos attitudes, nos expressions émotionnelles, notre communication non verbale, nos paroles.

Il y a une barrière entre le soi social et le soi intime ; nous ne souhaitons pas le plus souvent que notre soi intime soit accessible à autrui. Même dans les relations les plus proches, nous ne sommes pas totalement transparents : la révélation de soi laisse des aspects dans l'ombre (des sentiments, des pensées que nous préférons taire) ; elle est l'objet d'un calcul stratégique plus ou moins conscient et volontaire, orienté généralement vers la valorisation et la défense de soi.

La barrière entre le social et l'intime est plus ou moins rigide ou perméable en fonction de la personnalité, de la nature de la relation et de la situation (on peut parfois raconter à un inconnu, rencontré dans un train, des aspects intimes de sa vie parce qu'on se sent en confiance et que l'on sait que la relation est éphémère). Mais généralement les « intimes » sont ceux, justement, à qui l'on dévoile le plus facilement un peu de son soi intime.

La barrière entre l'intérieur et l'extérieur, l'intime et le social se projette dans la coupure entre le dit et le non-dit. Dans le flux de l'expression, un tri s'opère entre ce qui peut être transmis à autrui et ce qu'il convient de taire et qui implique toujours un interdit. Cet interdit varie selon les cultures, les personnes en présence, leur relation et la situation ; il touche souvent à des tabous sociaux, comme le sexe, l'argent, la religion… Mais d'une façon générale, il concerne ce qui pourrait être perçu comme l'exhibition d'aspects intimes ou comme une intrusion dans l'intimité d'autrui (d'où des expressions comme : « se dévoiler », « se mettre à nu », « percer du regard », etc.). Il y a, à ce niveau, un conflit entre la recherche d'authenticité et la réserve nécessaire à la protection de soi et d'autrui. Ce conflit est bien exprimé par Jean-Jacques Rousseau dans ses *Confessions* : « Que de riens, de misères ne faut-il point que j'expose, dans quels détails révoltants, indécents, puérils et souvent ridicules ne dois-je pas entrer pour suivre le fil de mes dispositions secrètes. »

L'expression, et tout spécialement la parole, occupe une place centrale dans cette problématique. Elle a la capacité de mettre en relation l'intérieur et l'extérieur, l'intime et le social. Elle peut apparaître, dans ce sens, comme un phénomène transitionnel : capable à la fois de traduire le vécu subjectif de celui qui s'exprime et de susciter une réaction émotionnelle chez celui qui l'écoute.

Comme le montrent plusieurs recherches (dont celles de S. Jourard, *The Transparent Self*, New York, Van Nostrand, 1964 ; et *Self-Disclosure*, New York, Wiley, 1971), l'« autorévélation » est un facteur fondamental dans l'approfondissement et le développement d'une relation : « Se révéler à son partenaire et se voir gratifier en retour de l'intimité du partenaire conduit à affermir l'attachement mutuel » (Gabriel Moser, *Les Relations interpersonnelles, op. cit.*, p. 154).

II. LES MÉCANISMES INTERSUBJECTIFS

En soulignant la conflictualité inhérente à l'expression de soi, on peut sembler ramener la communication à sa dimension personnelle. Cependant, si cette dimension est bien présente, si chacun, en fonction de sa personnalité, a une façon toute spécifique de s'exprimer et de communiquer, la conflictualité interne du sujet est aussi étroitement liée à la relation et à l'interaction. Cette intrication profonde de l'intrapsychique et de l'interactionnel dans la communication se manifeste tout particulièrement à travers plusieurs mécanismes que nous nous proposons d'analyser : l'anticipation, les réactions de défense communicationnelles, l'interprétation, le feed-back.

1. L'anticipation

Nous appelons *anticipation* le fait qu'avant de s'exprimer (ou en s'exprimant), le locuteur opère (plus ou moins consciemment) une sorte d'évaluation prospective de ce qu'il peut dire et avec quelle formulation ; cette évaluation s'élabore en fonction de la représentation que le sujet se fait de lui-même et de son interlocuteur, de leur relation, de la situation et des enjeux de la communication.

Par exemple, un étudiant passant un examen oral sait qu'il doit montrer ses connaissances ; mais il essaie aussi de s'ajuster aux attentes présumées de l'examinateur et à la connaissance qu'il a de lui ; il va être attentif à ses attitudes et à ses réactions (vaut-il mieux essayer de masquer une lacune ou, au contraire, l'avouer ?).

Un élément important de ce « calcul anticipatif » est la prévision des réactions possibles de son interlocuteur (« Si je lui dis cela, comment va-t-il réagir ? »). Elle se fait en fonction de l'expérience antérieure (l'étudiant sait que l'examinateur est indulgent), de la perception qu'en a le sujet (l'examinateur a l'air détendu), mais aussi en fonction de la représentation qu'il s'en fait et qui peut inclure des éléments imaginaires et projectifs (l'étudiant projette sur l'examinateur une image paternelle bienveillante).

Cette représentation de l'interlocuteur est en rapport avec la représentation de soi du sujet (si l'étudiant ressent l'examinateur comme bienveillant, c'est aussi parce qu'il a confiance en lui et en ses connaissances ; en revanche, s'il est anxieux et peu sûr de lui, il peut anticiper la sévérité de l'examinateur qu'il redoute). Ainsi, l'anticipation prend en compte ce que le sujet sait de lui, de ses réactions, de ses désirs et de ses peurs (le timide, sachant son manque de confiance en lui, a une anticipation négative de la communication avec quelqu'un qu'il ne connaît pas bien et dont il imagine qu'il peut le juger, le trouver inintéressant ou ridicule).

Le calcul anticipatif conduit le locuteur à moduler son expression en fonction de ce qui lui semble acceptable par son interlocuteur et convenable par rapport à la situation et à la relation (l'étudiant, s'il n'est pas d'accord avec l'examinateur, va taire son opposition ou l'exprimer avec la déférence qu'appelle le rapport à l'enseignant et à la situation d'examen). Il va mettre en œuvre, dans ce sens, des mécanismes de défense communicationnels qui tendent à la protection de soi et d'autrui dans la communication.

2. Les mécanismes de défense communicationnels

Ces mécanismes se distinguent de ceux qu'a mis en lumière la psychanalyse ; même s'il y a des analogies et des liens avec ces derniers, ils interviennent dans le champ relationnel (alors que les défenses, au sens psychanalytique, opèrent dans le fonctionnement intrapsychique). Ils peuvent être la traduction, au niveau de la communication, de défenses intrapsychiques ; ainsi les mécanismes obsessionnels peuvent donner une expression rationalisante et désaffectivée, un style narratif qui se perd dans les détails, etc. Mais ils correspondent aussi, par exemple, au besoin de gommer dans la communication tout ce qui pourrait menacer la « face » du locuteur et, surtout, de l'interlocuteur (sauf, bien sûr, s'il y a intention explicite d'être agressif).

Les mécanismes de défense communicationnels sont repérables au niveau de l'expression du locuteur et de son discours par plusieurs indicateurs observables : par exemple, l'*autocorrection* qui l'amène à raturer son discours pour en éliminer un élément gênant (« Je trouve que tu exagères… enfin, ce n'est peut-être pas le mot juste, mais tu vas quand même un peu loin… ») ; l'*euphémisation*, qui amène le locuteur à atténuer ses propos pour les rendre plus acceptables (« Je suis un tout petit peu étonné que tu puisses dire une chose pareille ») ; la *précaution* qui tend à prévenir une interprétation négative de la part des interlocuteurs (« Je ne voudrais pas que tu prennes mal ce que je vais te dire ») ; la *suspension* qui conduit à omettre un mot qu'on voulait prononcer et qui pourrait choquer (« Tu me prends vraiment pour un… bon, je ne veux pas m'énerver, mais avoue que tu y vas un peu fort »). Cette liste pourrait facilement être allongée.

On voit que dans chaque cas, le message exprime, dans un même mouvement, l'intention initiale du locuteur et les défenses qu'elle suscite en lui. Celles-ci opèrent à partir du calcul anticipatif que le locuteur effectue des réactions possibles de son partenaire au fur et à mesure du déroulement de son discours. Ce qui motive ces défenses, ce sont les risques et les enjeux de la communication (que l'on développera dans le chapitre suivant) : la protection de la face et du territoire, la canalisation de l'expression pulsionnelle (agressive ou libidinale), l'atténuation des risques relationnels (jugement, rejet, rupture de la relation…), les problèmes d'influence et de pouvoir.

On voit qu'anticipation et mécanismes de défense communicationnels sont liés et opèrent du côté du locuteur. Du côté du récepteur, les processus les plus importants sont l'interprétation et le feed-back.

3. L'interprétation

La compréhension d'un message implique une démarche de décodage ; mais c'est, plus fondamentalement, une démarche d'interprétation sous-tendue par des mécanismes d'inférence, c'est-à-dire des mécanismes de déduction et de construction du sens à partir d'indices explicites ou implicites contenus dans le message et d'une grille interprétative propre au récepteur. Donnons un exemple : Nicolas retrouve sa « copine » Claire qui vient de passer une semaine de vacances dans sa famille. Il s'exclame : « Tu as vraiment bonne mine. » Elle répond : « Oh, tu sais, j'ai peut-être pris un ou deux kilos ; maman prépare toujours de si bons petits plats. Mais je vais vite les reperdre. » Comment comprendre cet échange ? Claire est un peu potelée, elle a facilement tendance à grossir et elle redoute, selon ses critères esthétiques, d'avoir « quelques kilos en trop ». À partir de cette préoccupation, elle fait l'inférence suivante : « S'il me dit que j'ai bonne mine, c'est que j'ai des joues rebondies et qu'il a remarqué que j'ai grossi »... alors que Nicolas voulait simplement la complimenter sur son teint doré par le soleil et le grand air. Par son intervention, et dans son esprit, elle ne fait que « prendre les devant » en annonçant la « catastrophe » et en plaidant quelques circonstances atténuantes. Conclusion : on entend souvent ce qu'on veut entendre ou ce qu'on a peur d'entendre. C'est dire que le processus interprétatif se fait, bien sûr, à partir d'un univers de représentations partagées, mais aussi à partir du système motivationnel du sujet (ses désirs, ses peurs, ses attentes, ses visées, ses intérêts...). Comme le note très justement Pierre Bourdieu, « chaque récepteur contribue à produire le message qu'il perçoit et apprécie en y important tout ce qui fait son expérience singulière et collective » (*Ce que parler veut dire*, Paris, Fayard, 1982, p. 16).

4. Le feed-back

Constamment, le récepteur réagit à l'expression de l'émetteur et lui renvoie (volontairement ou involontairement) des indices de ses réactions. Ces indices peuvent être verbaux ou non verbaux (des sourcils froncés signifieront, par exemple, l'incompréhension qui, perçue par l'émetteur, l'amènera à préciser son message). Nous n'insisterons pas sur cet effet de feed-back déjà signalé dans le chapitre précédent. Nous allons seulement souligner un aspect moins souvent perçu : le sens d'un message réside en partie dans la réponse qu'il suscite.

On a vu que le locuteur n'a qu'une perception floue de ses propres comportements relationnels (il ne se voit pas) ; le *feed-back* de son interlocuteur constitue une sorte de miroir dans lequel il saisit pour une part la signification de ses propres comportements. Un exemple : un couple – Jacques et Sylvie – discute d'un point de désaccord ; à un moment, Sylvie dit :

> « Tu entends comment tu me parles !
> – Jacques : « Comment je te parle ?
> – Oui, tu n'arrêtes pas de crier.
> – Mais je ne crie pas !
> – Mais écoute-toi là ! Tu ne cries pas peut-être ? »

Dans cet échange, Sylvie attire l'attention de Jacques sur le ton de sa voix ; lui n'est pas conscient que peu à peu dans la discussion il a haussé le ton. Sylvie lui renvoie en *feed-back* son comportement, l'amenant à prendre conscience de son agacement et du désir qu'il a de rejeter le point de vue de Sylvie.

Ainsi, c'est souvent la réaction de son interlocuteur qui livre à l'émetteur le sens de son message, sens qui peut lui échapper en partie. C'est un autre aspect, avec l'interprétation, de « la co-construction du sens » à travers le dialogue.

III. ÉMOTION ET COMMUNICATION

L'émotion (et plus largement l'affectivité) est une dimension essentielle de la vie psychique et relationnelle. Elle consiste en une manifestation affective passagère, de plus ou moins forte intensité (comme la peur, la colère, la joie, l'excitation, la tristesse, le dégoût...), comportant des aspects expressifs, subjectifs et somato-végétatifs. Elle est l'expression immédiate de notre relation qualitative au monde et aux autres. Elle traduit la signification affective que nous attribuons spontanément aux êtres et aux objets de notre environnement. Dans ce sens, la dichotomie cognition/émotion, introduite souvent par la psychologie cognitive, risque de nous éloigner d'une appréhension juste des choses. L'observation montre en effet une liaison étroite entre représentation et émotion qui apparaissent comme les deux faces d'un même phénomène, l'émotion correspondant à la valeur affective de la représentation.

1. Une dimension énergétique et dynamique

L'émotion peut apparaître comme la dimension énergétique et dynamique de la vie relationnelle et de la communication à autrui ; elle exprime en effet les mouvements d'attraction ou de répulsion, de plaisir ou de déplaisir, de tension ou de détente, de sécurité ou de peur, d'intérêt ou d'ennui que suscitent les communications interpersonnelles (*cf.* Jacques Cosnier, *Psychologie des émotions et des sentiments*, *op. cit.*). Un exemple : Pierre se rend à un rendez-vous avec Chantal ; il est impatient de la voir ; il sent que son cœur bat plus vite ;

il a la bouche un peu sèche et une sensation de chaleur au visage. Toutes ces manifestations émotionnelles expriment le mouvement qui pousse Pierre vers Chantal et traduisent la nature profonde de leur relation ; ou plutôt de sa position dans cette relation, car il se peut que Chantal soit beaucoup plus calme et détendue et qu'elle ressente même un sentiment d'ennui à la perspective de leur rencontre (ce qui signifierait que leur relation n'est pas symétrique).

Dans la communication, les manifestations émotionnelles sont très nombreuses mais peuvent passer inaperçues des locuteurs dans la mesure où elles ne dépassent pas une certaine intensité. Elles ont pour supports privilégiés la voix, les mimiques faciales, les gestes, les postures corporelles, les manifestations neurovégétatives (coloration du visage, transpiration, sensations somatiques).

Elles sont l'expression d'un triple rapport : à la situation, à l'interlocuteur et au message (émis ou reçu). Par exemple, des manifestations émotionnelles accompagnent l'expression ; elles traduisent le degré d'implication et le rapport du locuteur à ce qu'il dit ; elles permettent à son interlocuteur de répondre à plusieurs questions : le locuteur est-il engagé dans son expression ? Est-il en contact avec ses motivations profondes ou désimpliqué ? Est-il authentique ou joue-t-il ? Est-il spontané et direct ou sur la défensive ? Ces réponses ne sont pas des réponses « intellectuelles », découlant d'un travail réflexif ; c'est à travers la résonance émotionnelle en lui-même des manifestations du locuteur que l'interlocuteur ressent ces différents aspects. La résonance émotionnelle est une sorte de réaction immédiate, « viscérale », préréflexive à la perception préconsciente des réactions émotionnelles d'autrui. C'est elle qui émeut, qui met en mouvement et remue l'interlocuteur et l'amène très souvent à réagir. Elle sert donc de moteur et de fil conducteur à la communication.

2. Les défenses émotionnelles

C'est parce qu'elles sont révélatrices des mouvements les plus profonds suscités par la relation que les manifestations émotionnelles sont l'objet d'un contrôle important et de réactions défensives. On constate généralement une sorte de

« résistance » à l'expression émotionnelle qui a des sources à la fois culturelles et psychologiques. La bienséance sociale veut, en effet, que l'on contrôle ses manifestations émotionnelles et qu'on ne les laisse pas dépasser un certain degré d'intensité (il est mal venu de pleurer en public, de se laisser emporter par la colère, de crier, de trépigner...). Mais ces normes sociales et culturelles (car elles varient selon les cultures) reflètent aussi des mécanismes psychologiques : la peur de se dévoiler, d'être débordé et submergé par ses émotions, d'apparaître vulnérable. Ces peurs suscitent des mécanismes de défense communicationnels qui touchent tout particulièrement la sphère émotionnelle.

Ces défenses peuvent prendre plusieurs formes. La plus courante se traduit par la *répression* et l'*inhibition* de l'expressivité émotionnelle : celles-ci s'expriment, par exemple, par une voix désaffectivée, par une rigidité corporelle, par un visage peu expressif.

Il y a aussi l'*évitement* et la *fuite* qui amènent à se détourner des situations ou des thèmes qui pourraient provoquer des réactions affectives (éviter les sujets intimes, la métacommunication, les points conflictuels...) ; la *dérivation* qui consiste à canaliser les manifestations émotionnelles par les activités motrices (remuer les mains ou les jambes, tripoter des objets, s'agiter, etc.) ou verbales (parler beaucoup et très vite) ; la *dissociation* qui amène à séparer les réactions émotionnelles et l'expression verbale par l'intellectualisation, la rationalisation, la désaffectivation du discours ; le *masquage* où les réactions émotionnelles spontanées sont dissimulées par des manifestations inversées (rire pour cacher son embarras, feindre l'indifférence...).

Ces mécanismes permettent aux sujets un certain contrôle émotionnel ; mais en même temps, ils peuvent perturber et brouiller la communication. Un exemple : Paul, chaque fois qu'il aborde des sujets personnels impliquants et difficiles, masque ses émotions par un grand rire qui semble signifier : « Tout ça n'est pas grave », si bien que son interlocuteur ne se rend pas compte de son état affectif profond. Paul se plaint qu'on ne le prend pas au sérieux, qu'on ne s'apitoie pas sur son sort quand il a des difficultés ; mais il ne se rend pas compte que se sont ses propres défenses communicationnelles qui induisent ces réactions.

Chapitre 6

Dynamique de la communication : enjeux et stratégies

Toute relation, à partir du moment où elle est suffisamment investie par les partenaires qui y sont impliqués, est porteuse d'enjeux, au sens large du terme. C'est-à-dire que chacun cherche, à travers elle, à satisfaire certaines motivations (besoins, désirs, intérêts...) et à atteindre certains buts (cognitifs, affectifs, économiques, sexuels, existentiels...).

Pour atteindre ces buts, les partenaires mettent en œuvre des stratégies conçues comme des schémas d'action et de communication orientés vers l'effet visé, que cette orientation soit consciente et calculée (comme dans la stratégie du vendeur qui cherche à déclencher chez le client l'acte d'achat) ou spontanée et en partie non consciente (comme dans le cas d'une conversation amicale où le plaisir de l'échange et du partage semble le seul objectif).

Ce sont ces enjeux et ces stratégies qui donnent à la relation son caractère dynamique et qui sous-tendent la communication dans son déroulement et son évolution.

I. LES ENJEUX

Les enjeux de la communication sont de deux ordres :

– ils sont « opératoires » lorsqu'ils concernent un but instrumental qu'on cherche à atteindre (s'informer, se procurer un bien, coordonner une action...) ;

– ils sont « symboliques » lorsque leurs objectifs se situent plus en termes de gain subjectif, de satisfaction affective, d'image, comme la reconnaissance d'autrui ou la valorisation de soi.

C'est essentiellement de ces enjeux « symboliques » que nous allons traiter ici parce qu'ils apparaissent fondamentaux dans les relations interpersonnelles. Ils engagent très souvent l'image de soi et la gestion des risques symboliques qu'implique la relation (ce qu'on peut appeler les « enjeux identitaires »).

1. Les enjeux identitaires

Pourquoi s'« habille » -t-on avant de sortir ? Pour paraître à son avantage et pour honorer ses hôtes. Pourquoi un élève redoute-t-il d'être interrogé au tableau ? Par peur de manifester son ignorance et d'être en mauvaise posture face à ses camarades. Pourquoi la politesse prescrit-elle d'ignorer la gaffe ou la bévue commise par un interlocuteur ? Pour ne pas le mettre mal à l'aise et lui faire courir le risque de perdre la face.

Tous ces exemples (parmi beaucoup d'autres similaires) montrent qu'il y a dans la rencontre sociale une part de risque et de « mise en scène ». Celle-ci, comme l'a fort bien exprimé le psychosociologue américain Erving Goffman (*Les Rites d'interaction*, trad., Paris, Éditions de Minuit, 1974), a pour objectif essentiel de présenter une image de soi « valorisante » (c'est-à-dire conforme à ses valeurs et à ses modèles de référence) et de la rendre crédible aux yeux d'autrui.

Cette image, E. Goffman l'appelle la « face ». Considérée par chacun comme l'expression même de son identité (ou de l'aspect de son identité qu'il revendique dans une situation donnée), elle est vécue, dit E. Goffman, comme un objet « sacré » qu'il faut défendre et protéger à tout prix.

L'acte de communication peut être envisagé comme un moment où l'on actualise et engage cette image de soi qui nous représente, qu'on accepte difficilement de remettre en question et qu'on désire voir reconnaître et entériner par autrui. L'enjeu de la communication devient alors de « garder la face » : être « respectable » si l'on désire être respecté ; efficient si l'on se présente comme un « expert » ; drôle si l'on fait de l'humour ; « séduisant » si l'on cherche à séduire…

Un autre enjeu est de préserver notre intimité, d'éviter qu'autrui devienne intrusif ou envahissant, bref de défendre notre « territoire », tout en l'ouvrant suffisamment pour permettre le contact.

2. Les enjeux territoriaux

Comme les animaux, nous occupons des territoires, mais pas tout à fait de la même façon. Bien que cette notion soit issue de l'éthologie, ce qu'on entend par ce terme en sciences humaines ne recouvre pas totalement son sens premier. Le « territoire » désigne tout d'abord cette portion d'espace autour de nous que nous n'aimons pas voir pénétrer et dont on prend conscience lorsqu'on a l'impression que quelqu'un nous serre de trop près, ne tient pas ses « distances » ou ne respecte pas notre intimité. Il inclut aussi tous les espaces dont nous estimons avoir le droit de contrôler l'accès : une chambre, un meuble, un tiroir, un sac à main… Par extension, la notion s'étend aussi aux objets qui nous appartiennent en propre (courrier, brosse à dents, stylo, paquet de cigarettes…) et, de façon plus symbolique, à tout ce que nous estimons être de notre seul ressort : notre vie privée, nos émois intimes, notre « jardin secret »… (ce que Goffman appelle les « réserves du moi »).

Lorsqu'on s'engage dans un acte de communication, on autorise tacitement son partenaire à se rapprocher physiquement et psychologiquement de soi ; en lui parlant, on lui livre un peu de ses opinions ou de ses émotions ; il est possible aussi qu'on lui donne accès à un espace intime (si on le reçoit chez soi ou si on l'autorise à un contact corporel) ou à une possession personnelle (si on lui prête un disque ou un livre auquel on tient). Un autre enjeu important de la communication réside donc dans le fait de garder le contrôle de son espace et de ses biens ; d'ouvrir à l'autre son espace personnel lorsqu'on souhaite le contact et en même temps d'en préserver l'accès.

3. Communication et prise de risques

Il est relativement facile de se forger une image de soi valorisante : il suffit parfois de se regarder dans un miroir sous un angle et un éclairage avantageux pour se trouver « pas mal ». Qui nous empêche également de porter un regard satisfait sur l'exposé que l'on vient de préparer ? Mais ce sont les réactions des admirateurs ou de l'auditoire de l'exposé qui vont confirmer ou infirmer ces impressions.

Nous avons besoin du regard des autres pour compléter (entériner ou moduler) une image de nous-mêmes que nous ne pouvons construire que partiellement ; c'est un des enjeux fondamentaux des relations interpersonnelles. Mais en même temps, le contact présente des risques non négligeables : risques pour l'identité et pour le territoire des interactants.

Au niveau de l'identité, le risque que l'on prend est celui de « perdre la face » en étant rejeté (mis à l'écart, ignoré, évité, fuit), disqualifié (comme lorsqu'on s'entend dire : « Arrête ton cinéma »), ou ridiculisé (lorsqu'on manque une démonstration de force, lorsqu'on est pris en flagrant délit de mensonge, lorsqu'on attire la moquerie ou la dérision...).

En communiquant avec autrui, on court aussi le risque de perdre le contrôle de son territoire : des gens indélicats peuvent vous poser des questions indiscrètes, répéter vos confidences, utiliser vos affaires personnelles sans votre accord. On peut ne plus savoir comment se débarrasser d'un « casse-pieds » ou d'un admirateur trop pressant...

Bien sûr, toutes les occasions de contact n'offrent pas le même niveau de risques : il est peu « dangereux » de converser avec la boulangère en achetant sa baguette, de prendre un café avec un collègue qu'on apprécie ou de recevoir chez soi des amis discrets et bien élevés ; alors qu'il l'est plus de nouer des relations avec un inconnu ou de passer un entretien d'embauche. Plus on connaît ses partenaires, plus on sait quel type de relation on peut entretenir avec eux, quelle distance il faut respecter, ce que l'on peut se permettre et ce qu'il faut éviter. Pourtant, il existe un certain nombre de situations qui, par essence, font courir des risques plus importants et que l'on peut qualifier de « problématiques » (*cf.* D. Picard, *Les Rituels de savoir-vivre*, *op. cit.*).

Ce sont d'abord toutes les situations qui nous amènent à fréquenter des inconnus dont nous ne pouvons pas prévoir les réactions : collaborer avec un nouveau collègue, se trouver dans une soirée où l'on ne connaît personne, entrer en contact avec quelqu'un qui nous attire, etc.

Il y a aussi toutes celles qui nous introduisent dans un milieu dont nous ne maîtrisons pas les codes et les règles et où nous aurons plus de mal à défendre une image positive de nous-mêmes (fréquentation d'un milieu social différent du nôtre, entrée dans un domaine de compétence nouveau, séjour à l'étranger...). Ce sont aussi toutes les circonstances particulièrement solennelles où nous avons l'impression de jouer notre crédibilité ou notre avenir : lorsqu'on est présenté à sa future belle-famille, lorsqu'on soutient sa thèse devant un jury, lorsqu'on est reçu en entretien pour un nouvel emploi...

Mais le risque n'est pas absent aussi des circonstances très « quotidiennes », comme aborder quelqu'un ou le quitter. Car dans les deux cas, on court le double risque d'être importun ou d'être impoli. Lorsqu'on aborde quelqu'un de connaissance, on peut « tomber au mauvais moment », lui parler alors qu'il a envie d'être seul ou le retenir alors qu'il est pressé. On risque donc d'être importun. Mais si on ne lui parle pas, il risque de « se vexer », de penser qu'on ne fait pas attention à lui, que l'on est impoli. De même, après avoir parlé quelque temps avec quelqu'un, si on le quitte trop vite, on peut lui faire croire qu'il nous ennuie ; et si on le retient plus qu'il ne faut, on l'empêche de vaquer à ses occupations (et l'on est importun). L'impolitesse fait courir un risque à l'identité : la sienne puisqu'on peut être mal jugé ; et celle d'autrui puisqu'il ne se sent pas assez apprécié ou « reconnu ». Et lorsqu'on est importun ou indiscret, on peut être trouvé envahissant et menacer le territoire d'autrui.

II. LES STRATÉGIES

Avoir un comportement « stratégique », c'est adopter (consciemment ou inconsciemment) des attitudes et des comportements en fonction d'un but à atteindre. Les communications interpersonnelles peuvent être analysées dans cette perspective. On peut, par exemple, distinguer deux grands types de comportements stratégiques : ceux qui amènent à « maximiser les bénéfices » (déclarer ses sentiments pour engager une relation amoureuse) et ceux qui consistent à « minimiser les coûts » (les taire pour ne pas risquer le rejet). Cette approche en termes de gains et de coûts a été notamment développée par H. Kelley et J. Thibault (*Interpersonal Relation : a Theory of Interdependance*, New York, Wiley, 1978). En effet, ce qui motive la relation, en dehors des buts opératoires, c'est le gain ou la satisfaction qu'on y trouve ; ces termes étant pris ici dans un sens large :

– satisfaction de besoins de stimulation et de contact (les « caresses » d'E. Berne) ;

– satisfaction de désirs pulsionnels (sexuels ou agressifs) ;

– gains narcissiques (valorisation de soi) ;

– besoin de reconnaissance, besoin d'échange et de soutien social.

Toute situation de communication porteuse d'enjeux est susceptible de favoriser l'émergence de comportements stratégiques. On peut voir s'y déployer des stratégies « relationnelles » (recouvrant des enjeux d'influence) ou des stratégies « identitaires » (répondant à des besoins d'affirmation et de protection de soi).

1. Les stratégies identitaires

On a vu que la relation à autrui entraîne des risques identitaires : risques pour la conscience de soi, pour l'image que l'on revendique et défend face aux autres, pour l'estime que l'on se porte.

Pour parer à ces risques, chacun développe une certaine « mise en scène » de soi, une forme de « figuration » (E. Goffman, *Les Rites d'interaction*, *op. cit.*) qui tend à donner une impression avantageuse ou, au moins, à limiter les possibilités d'infirmation, de dévalorisation ou de rejet. C'est cette ligne de conduite adoptée dans la relation (faite de comportements, d'attitudes et d'expressions de soi) et dont la visée est d'affirmer une certaine conscience de soi (recherche d'unité, de continuité, de valorisation) que l'on peut désigner du nom de « stratégie identitaire » (*cf.* C. Camilleri *et al.*, *Stratégies identitaires*, Paris, PUF, 1990).

Les stratégies identitaires visent plusieurs buts ; mais on peut les ramener à un objectif fondamental sous-jacent qui est la défense d'une identité positive, la valorisation de soi. Avoir de la valeur à ses propres yeux et aux yeux d'autrui (ces deux aspects étant d'ailleurs étroitement liés) constitue un besoin identitaire essentiel. Dans chaque situation relationnelle, l'individu va s'efforcer (plus ou moins consciemment) de mettre en avant les aspects de son identité les plus valorisants et ceux qui paraissent les plus conformes au contexte. Il va aussi chercher à masquer tout ce qui pourrait donner de lui une image négative (ainsi lors d'un exposé, un étudiant s'efforcera de montrer qu'il maîtrise son sujet et de dissimuler ce qu'il n'a pas compris).

Ce qui rend complexe les stratégies de valorisation, c'est qu'elles ne doivent pas être perçues comme telles par les interlocuteurs. En effet, celui qui cherche trop ouvertement à se mettre en valeur peut être taxé de présomption ou de vanité ; car la norme de modestie est fortement ancrée dans les relations sociales. D'autre part, l'auto-valorisation a moins de portée que la valorisation que peut apporter autrui. D'où l'aspect paradoxal des stratégies identitaires par lesquelles le sujet tend à se rendre visible sans être « m'as-tu-vu », à arriver à prendre sa place sans être « arriviste », à se valoriser sans trop se mettre en valeur (*cf.* E. M. Lipiansky, *Identité et Communication*, *op. cit.*).

Les stratégies identitaires sont sous-tendues par une double tension dynamique :

– la tension qui s'instaure entre le besoin d'affirmation de soi, dans une quête de reconnaissance par autrui, et le besoin de préservation et de protection de l'image et de l'estime de soi ;
– l'opposition dialectique entre la recherche d'individuation qui suscite des mouvements de différenciation vis-à-vis d'autrui et la recherche de proximité et de similitude qui s'exprime dans des mouvements d'assimilation et d'identification à l'autre.

- **Affirmation et protection de soi**

Dans la relation interpersonnelle, deux tendances psychologiques s'affrontent et se conjuguent :

– une tendance à l'expression et à l'affirmation de soi ;
– et une tendance à la protection de soi face aux risques relationnels.

La première peut être illustrée par l'attitude de confiance en soi de la personne qui prend facilement la parole, parle avec aisance et exprime sans anxiété ses opinions, ses sentiments et ses choix. La seconde par l'attitude du timide qui redoute de prendre la parole, préfère adopter une position d'observateur et hésite à exprimer ses positions personnelles.

Là aussi, la communication avec autrui est un compromis entre ces deux tendances. La nature de ce compromis dépend des traits de personnalité de chacun, mais aussi de la relation qui s'instaure avec le partenaire : tel adolescent qui est parfaitement à l'aise avec ses camarades se sentira inhibé face à des adultes ; telle étudiante expansive et bavarde avec ses copines se trouvera silencieuse et gauche en tête à tête avec un étudiant.

Le jeu entre affirmation et protection dépend aussi des situations relationnelles dans lesquelles les acteurs se trouvent impliqués. Le rapport hiérarchique peut compliquer la relation : par exemple, en inhibant l'affirmation de soi du côté de la personne en position « basse » ou, au contraire, en suscitant de sa part des attitudes d'opposition ou de réactance.

L'observation montre aussi que ce sont plus spécifiquement certaines démarches relationnelles qui posent problème dans la communication interpersonnelle.

C'est, par exemple, d'avoir à demander quelque chose. Beaucoup de personnes sont mal à l'aise dans cette situation ; elles craignent d'importuner autrui, redoutent un refus ou ont peur de se sentir redevables. Refuser quelque chose peut être aussi une situation délicate et susciter des peurs (de ne pas être apprécié, d'être rejeté, de provoquer un conflit, de susciter une réaction agressive). De même, émettre une critique, une évaluation ou en recevoir, faire ou recevoir un compliment, exprimer ses sentiments ou accueillir l'expression d'autrui, donner un ordre en position hiérarchique, affronter un conflit peuvent être des situations relationnelles embarrassantes.

Elles entraînent souvent des réactions défensives au niveau de la communication avec autrui. C'est, par exemple, l'inhibition : la personne n'exprime pas vraiment ce qu'elle ressent, ce qu'elle pense ou ce qu'elle désire ; cela entraîne souvent un malaise dans la relation, de la timidité, de l'auto-dévalorisation, un sentiment de frustration (« J'aurais dû lui dire que je n'étais pas d'accord » ; « Je me laisse toujours faire » ; « Je ne suis pas à la hauteur » ; etc.). D'autres attitudes défensives habituelles sont l'attaque ou la fuite. Dans l'attaque, la personne réagit au malaise relationnel par une affirmation agressive de soi. L'agressivité provoque souvent en retour des réponses agressives et la relation risque de basculer dans l'« escalade symétrique » (*cf.* chapitre 2) ; ou bien elle entraîne l'inhibition, le retrait ou la soumission de l'interlocuteur.

Dans la fuite, la personne va éviter les situations qui lui posent problème : renoncer à une démarche difficile, fuir la discussion, ne pas prendre position, différer choix et décisions. Ce peut être aussi une attitude de dépendance visant à se faire prendre en charge par autrui.

Fuite et inhibition traduisent une prédominance des tendances à la protection de soi par rapport aux tendances à l'affirmation. Elles expriment un sentiment d'insécurité relationnelle générateur d'anxiété.

- **Assimilation et différenciation**

L'identité est une notion fondamentalement paradoxale. Elle signifie à la fois la similitude – ce qui nous rend semblable aux autres – et l'unicité – ce qui nous différencie des autres. Dans la relation interpersonnelle, on retrouve ces deux mouvements d'identification et de différenciation. Suivant la situation et le type de rapport, l'affirmation de soi, la recherche de reconnaissance et la défense identitaire vont susciter tantôt des stratégies d'assimilation et tantôt des stratégies de différenciation. Dans les premières, nous essayons de nous rapprocher d'autrui, de nous rendre semblable à lui, de partager ses goûts, ses valeurs, ses opinions. Dans les secondes, au contraire, nous éprouvons le besoin de nous éloigner d'autrui, de nous distinguer de lui, d'affirmer notre singularité et notre différence.

On a vu que la recherche du semblable est fondamentale dans les liens affinitaires (*cf.* chapitre 3). La similitude peut être ce qui provoque le rapprochement (selon le proverbe « Qui se ressemble s'assemble ») ; elle peut être aussi le résultat de l'interaction qui peut favoriser l'assimilation des sentiments, des normes et des idées.

La proximité et la similitude ont une fonction sécurisante : elles entraînent une sorte d'effet de miroir, de confirmation de soi à travers son semblable. Elles permettent un étayage réciproque des identités et une confirmation mutuelle. Mais en même temps, elles ne favorisent pas l'individuation et l'affirmation de soi, qui trouvent au contraire un renfort dans les stratégies de différenciation. À travers celles-ci, le sujet tend à se distinguer d'autrui, à établir une distance et une séparation entre l'autre et lui. Cette tendance peut se traduire par des manifestations d'opposition, de désaccord, de rivalité. La rivalité, d'ailleurs, constitue une forme de combinaison entre l'assimilation et la différenciation ; elle comporte une part d'identification et de proximité avec le rival et en même temps une compétition avec lui ; c'est ce que l'anthropologue René Girard a traduit par l'expression de « rivalité mimétique », montrant que c'est une des figures fondamentales du rapport social (*La Violence et le Sacré*, Paris, Grasset, 1972).

Il y a une corrélation certaine entre le besoin de différenciation et l'affirmation de soi, comme entre l'assimilation et la protection de soi.

2. Les stratégies relationnelles

La communication comporte une particularité : pour communiquer, il faut être en relation avec quelqu'un ; les stratégies qu'on y élabore doivent donc tenir compte de l'autre et de ses objectifs ; la recherche de « gains » s'y inscrit dans un jeu où coopération et compétition peuvent intervenir. C'est cet aspect spécifique que la *théorie des jeux* s'est efforcée de formaliser.

- **La Théorie des jeux**

Elle a été élaborée dans les années quarante conjointement par le mathématicien J. von Neumann et l'économiste O. Morgenstern et concernait au départ les jeux mathématiques. Elle fut cependant rapidement étendue aux relations interpersonnelles considérées comme des « jeux sociaux » (ou mise en place spécifique de rapports sociaux).

Selon elle, toute élaboration stratégique suppose deux types de rapports (ou de jeux) : des « jeux à somme nulle » et des « jeux à somme non nulle ».

Dans les « jeux à somme nulle », ce que l'un gagne, l'autre le perd (comme au poker). La communication s'apparente alors à une compétition où chaque interlocuteur va chercher à l'emporter sur l'autre, considéré comme un « rival ». Cette position relationnelle nourrit les discussions où chacun veut « prouver qu'il a raison » ou imposer ses choix personnels comme les seuls valides : amener l'autre à voir le film qu'on a sélectionné ou admettre que « son » candidat est le meilleur, ses croyances ou ses valeurs les seules pertinentes. Chaque fois qu'un rapport de forces ou qu'un jeu (explicite ou implicite) sous-tend la communication, on se trouve face à des situations de jeu à somme nulle.

Dans les « jeux à somme non nulle », les gains et les pertes se répartissent entre les « joueurs » et tout le monde peut gagner ou perdre en même temps. Les partenaires ne vont donc plus chercher à l'emporter sur l'autre, mais s'arranger pour que tout le monde gagne un peu afin d'éviter que chacun y perde trop. Les échanges se font surtout sur le mode coopératif. Ainsi, deux comédiens se donnant la réplique sur scène n'ont pas intérêt à « tirer la couverture » à eux car ils risqueraient trop de nuire au spectacle et de lasser le public et les critiques ; au contraire, leur intérêt commun est de se valoriser mutuellement pour séduire ensemble et produire ainsi un spectacle plaisant qui sera remarqué et dont le succès retentira sur leurs carrières respectives. De même, pour vivre ensemble, il vaut mieux transiger sur les goûts et les petites manies de l'un et de l'autre plutôt que de chercher à imposer ses propres conceptions de la vie à deux aux dépens de la survie du couple.

Dans les conversations quotidiennes, comme dans les relations de longue durée, les deux types de jeux se combinent souvent : dans un couple, on va chercher à l'emporter pour le choix des vacances et coopérer pour l'éducation des enfants. Un bon exemple de stratégie coopérative correspondant à un jeu à somme non nulle est la séduction. C'est une stratégie très utilisée dans les relations interpersonnelles, bien au-delà de la connotation sexuelle qu'elle peut revêtir. Le séducteur ou la séductrice cherche, bien sûr, à se faire apprécier, à se mettre en valeur, à se rendre aimable mais en valorisant l'autre, en le gratifiant, en lui renvoyant une image flatteuse de lui-même. Les deux y trouvent donc un bénéfice. La relation amoureuse partagée en est l'exemple le plus clair : chaque partenaire éprouve un plaisir narcissique et sexuel au contact de l'autre et se trouve conforté dans son identité de personne digne d'être aimée.

On peut trouver une bonne illustration de stratégie compétitive, répondant à un jeu à somme nulle, dans la relation de force et de pouvoir. Elle est aussi fréquente dans les relations interpersonnelles que les stratégies de séduction. Mais dans ce cas, chacun cherche à l'emporter sur l'autre, à se situer dans une position haute et à maintenir l'autre en position basse. La relation de pouvoir, dans sa forme la plus brutale, peut utiliser la force, la coercition et la punition. C'est, par exemple, une des modalités possibles de relation éducative parent/enfant. Cependant, ce type de rapport peut entraîner la soumission mais aussi l'opposition ou la révolte. Une autre stratégie de pouvoir peut utiliser la séduction : dominer l'autre en utilisant davantage la récompense que la punition ; viser l'adhésion plutôt que la soumission. Elle tend à persuader l'autre que si l'on exerce un pouvoir sur lui, c'est « pour son bien ». Vus sous cet angle, les rapports de pouvoirs apparaissent essentiellement comme des rapports stratégiques de *manipulation* dans lesquels, malgré tout, il est nécessaire de tenir compte des autres, essentiellement pour qu'ils coopèrent (*cf.* J.-L. Beauvois et R.V. Joule, *Petit Traité de manipulation à l'égard des honnêtes gens*, Presses Universitaires de Grenoble, 1987).

L'exemple de la manipulation montre que si on peut opposer stratégie de séduction et stratégie de pouvoir, celles-ci peuvent aussi se combiner. Et comme il y a une séduction du pouvoir, il y a aussi un pouvoir de la séduction qui peut être utilisé pour contrôler l'autre et le dominer (la littérature a largement utilisé ce thème, que l'on trouve, par exemple, dans l'ouvrage de Pierre Louÿs, *La Femme et le Pantin* ou dans le film de Joseph von Sternberg, *L'Ange bleu*).

- **Les « jeux » psychologiques**

Les schémas de la théorie des jeux sont opératoires mais rudimentaires. Eric Berne a élaboré une théorie des jeux psychologiques beaucoup plus subtile et complexe combinant à la fois une approche en termes de coûts et de gains et une approche de type psychanalytique en termes de dynamique pulsionnelle et de mécanisme de défense (*cf.* E. Berne, *Des jeux et des hommes*, *op. cit.*).

Pour lui, il y a « jeu » lorsqu'un individu tend à structurer certaines de ses relations selon un scénario répétitif qui l'amène à une manipulation inconsciente d'autrui en vue de satisfaire certaines motivations personnelles. Pour cela, il opère « une série de transactions cachées progressant vers un résultat bien défini, prévisible » (p. 50). Le joueur y trouve des avantages psychologiques et relationnels ; mais son partenaire aussi (c'est l'aspect complémentaire du jeu). Dans le jeu « Sans toi », par exemple, E. Berne met en scène une femme qui s'ennuie, confinée chez elle parce que son mari, autoritaire, la cantonne à son univers ménager, ce qu'elle lui reproche amèrement. E. Berne montre en fait que cette femme n'est pas une « victime » mais une « manipulatrice » : de tendance phobique, ayant peur des relations sociales mais ne voulant pas le reconnaître (pour conserver d'elle une image d'être « normal » et « sain »), elle a « choisi » d'épouser un homme autoritaire et jaloux afin qu'il la protège de l'extérieur. Sachant d'avance qu'il ne supporte pas de la voir s'éloigner, elle va pouvoir sans risque lui demander périodiquement la permission de sortir : elle sait qu'il la lui refusera. N'étant pas « responsable » de son isolement (à ses yeux et à ceux de ses amies qui connaissent la situation), elle va pouvoir continuer à faire peser sur son mari la responsabilité de ses insatisfactions existentielles ; elle peut lui dire : « Sans toi, je serais plus heureuse, plus épanouie… »

Cet exemple montre comment, dans la relation, s'articulent deux niveaux : un niveau psychologique qui est celui des acteurs qui cherchent à satisfaire, dans le rapport à autrui, des motivations personnelles profondes, le plus souvent inconscientes (pulsionnelles et narcissiques) ; et un niveau social où le jeu sert à structurer la relation et permet aux motivations psychologiques des acteurs de s'articuler les unes aux autres de manière complémentaire.

Sur ce modèle, E. Berne a analysé toute une série de jeux (« jeux vitaux », « jeux conjugaux », « jeux sexuels », « jeux de société »...) qui peuvent apparaître comme les scénarii de base d'un très grand nombre de relations interpersonnelles.

C'est l'intérêt de l'analyse transactionnelle de montrer que les communications interpersonnelles obéissent à des structures et des dynamiques spécifiques que la notion de jeu permet de saisir ; et que, dans le jeu, s'articulent une logique intrapsychique (celle des processus inconscients, pulsionnels et défensifs mis en lumière par la psychanalyse) et une logique interactionnelle (qui permet aux motivations des acteurs de se rejoindre mutuellement).

- **Politesse et stratégie**

Les stratégies relationnelles ne découlent pas seulement de la psychologie des acteurs ; elles obéissent aussi à des systèmes sociaux de régulation qui tendent à ritualiser les relations et les communications. Ce sont les *rituels d'interaction* (E. Goffman) ou ce que l'on désigne plus communément par « politesse » ou « savoir-vivre ».

Toutes les stratégies guidées par la politesse s'inscrivent dans une sorte d'accord tacite qui veut que l'on traite autrui comme on désire être traité par lui.

Là aussi, elles peuvent répondre à plusieurs enjeux :

– il y a d'abord des *stratégies de reconnaissance et de confirmation* qui consistent en un échange de signes de reconnaissance et de marques de déférence ; elles ont pour objectif de se montrer mutuellement qu'on se reconnaît et qu'on se confirme dans son identité. Le salut qu'on adresse chaque jour aux personnes de connaissance a cette fonction. Par exemple, c'est bien pour confirmer une vieille dame dans son identité de « grand-mère » qu'on lui demande des nouvelles de ses petits-enfants ;

– il y a ensuite des *stratégies de prévention et de protection* qui ont pour but de minimiser les risques inhérents à certaines situations. Par exemple, on frappe avant d'entrer dans un bureau, pour ne pas faire intrusion brusquement dans l'espace de celui qui l'occupe ;

– il y a aussi des *stratégies de réparation* qui ont pour but d'annuler toute atteinte (même involontaire) faite à la face d'autrui ou toute incursion malencontreuse dans son territoire. La forme la plus usitée en est l'excuse, annulation symbolique de l'offense ;

– enfin, on trouve des *stratégies d'équilibrage* qui obligent toutes les personnes ayant reçu une marque de déférence à manifester un intérêt compensatoire à leurs partenaires : sourire au jeune homme qui vous a tenu la porte ; remercier la personne qui vous cède sa place dans le métro ; offrir des chocolats à une secrétaire qui a dû exécuter un travail important dans un temps très bref, etc.

Cependant, une observation, même superficielle, de la vie sociale et des relations quotidiennes montre que ces principes de savoir-vivre sont loin d'être respectés par tous. Mais leur transgression même, source de nombreux heurts, fait mieux ressortir leur fonction de facilitation des rapports humains. Car les règles de politesse, loin d'être des contraintes formelles et surannées, répondent à des besoins psychologiques profonds et assurent une protection efficace de la face et du territoire des interactants. Elles introduisent une perspective relativement « altruiste » dans les relations sociales, qui tempère l'égocentrisme spontané des individus. Lorsqu'elles font défaut, on constate que, dans leurs stratégies relationnelles, les gens oublient facilement l'accord, la réciprocité et le respect d'autrui ; et que les relations basculent rapidement dans l'affrontement et la violence.

Chapitre 7

Les problèmes de communication

Les difficultés relationnelles et les problèmes de communication sont très fréquents. Même quand on « s'entend bien », il y a toujours, à certains moments, des malentendus, des différents, des frictions et des conflits. Or la littérature psychologique (et notamment psychosociologique) suggère plutôt une vision pacifiée et positive des relations interpersonnelles : on a beaucoup plus étudié l'amour et l'amitié que la haine et l'hostilité, la rencontre que la rupture. Peut-être y a-t-il là une sorte de mécanisme d'idéalisation et de refoulement des aspects négatifs des relations humaines, source importante de frustration, de dépression et de souffrance.

Bien sûr, les problèmes relationnels revêtent tant de formes multiples qu'il est malaisé de les envisager toutes. Nous allons essayer plus modestement de repérer les principales sources de difficultés dans les communications interpersonnelles. Nous en aborderons ensuite quelques manifestations en étudiant le conflit.

I. LES SOURCES DE DIFFICULTÉS

La tendance spontanée est d'attribuer les problèmes de communication à la personnalité des interactants (« Il – ou elle – a un caractère impossible » ; « Il est vraiment trop compliqué » ; « Il est égoïste, susceptible, coléreux, renfermé… »). Si l'on recourt si volontiers à cette attribution externe (qui peut d'ailleurs comporter une part de pertinence), c'est peut-être parce qu'elle situe chez l'autre la source des difficultés et qu'ainsi elle « innocente » celui qui fait cette attribution. Néanmoins, il convient de prendre en compte ce point de vue lorsqu'on s'interroge sur les sources des difficultés relationnelles.

1. Les compétences sociales

On peut imputer à des traits dispositionnels les problèmes de communication. On parlera, suivant les auteurs et les cas, d'« introversion » ou d'« extraversion » (Carl Jung) ; de « problèmes caractériels », de « timidité », d'« anxiété » ou de « phobie sociale » (*cf.* notamment C. André et P. Legeron, *La Peur des autres. Trac, timidité et phobie sociale*, Éditions Odile Jacob, 1995). Mais ces analyses sont souvent plus descriptives qu'explicatives : elles constatent une attitude ou un mode de conduite plus qu'elles ne permettent d'en comprendre la nature et l'origine. Ainsi, le terme de « timidité » ne fait que désigner un manque d'aisance et d'assurance, une forme de gaucherie, une peur des relations sociales ; mais il ne nous aide pas à comprendre ce qui motive cette attitude. Il est déjà plus éclairant de souligner que la timidité est la résultante d'un certain rapport de places subjectif (qui situe le sujet en « position basse » et l'interlocuteur en « position haute »).

D'autres chercheurs ont proposé la notion d'« intelligence sociale » ou « interpersonnelle ». Elle se définit par l'aptitude à entrer en relation et en communication avec les autres, à gérer efficacement les situations d'interaction (*cf.* H. Gardner, *Les Intelligences multiples,* Paris, Retz, 1996). Cette notion peut être intéressante si elle tend à souligner qu'il existe plusieurs formes d'« intelligence » et que l'aptitude relationnelle est tout aussi importante que les aptitudes logico-mathématiques ou verbales, traditionnellement prises en compte. Mais elle peut être dangereuse si elle induit l'idée que les capacités relationnelles découlent de prédispositions individuelles relativement figées.

Plus pertinente, certainement, est la notion de « compétences sociales » qui désigne les capacités objectives d'un individu à entrer en relation avec autrui. On peut distinguer dans ce domaine plusieurs formes de compétence :

– les *compétences de communication (cf. L'Interaction sociale, op. cit.)* qui renvoient aux capacités de l'individu à utiliser efficacement les codes linguistiques, les règles pragmatiques de l'échange, les rituels de la conversation. Elles impliquent aussi la qualité argumentative du discours permettant d'exprimer sentiments et opinions, de transmettre des représentations, de construire un récit, d'argumenter... ;

– les *compétences relationnelles* qui ont trait à la maîtrise des rituels d'interaction, à la capacité de gérer l'échange, à interagir avec autrui, à développer une relation empathique avec lui.

Toutes ces compétences résultent d'apprentissages qui commencent très tôt et à travers des contextes divers : les interactions mère-enfant (*cf.* D. Stern, *Mère-enfant, les premières relations*, Bruxelles, Mardaga, 1981), les relations familiales, l'école, les groupes d'amis... Par la suite, à partir de l'adolescence, ils se poursuivent dans les relations amicales et amoureuses, le couple, les relations professionnelles, les différentes formes de sociabilité. Ces apprentissages sont facilités ou perturbés par les caractéristiques du contexte et par des mécanismes psychologiques : prenons l'exemple d'un enfant qui, dans le cadre familial, a des relations où il est renvoyé constamment à sa position basse et où il fait l'expérience de la honte et de l'humiliation ; il va développer une faible estime de soi et intérioriser une représentation dévalorisée de lui-même qui peut entraîner des attitudes d'inhibition relationnelle ; celles-ci peuvent se fixer sous forme de traits de timidité. Mais cette même disposition peut résulter aussi de l'imitation et de l'intériorisation de modèles parentaux, si les parents présentent eux-mêmes des réactions de phobie sociale (*cf.* A. Bandura, *L'Apprentissage social*, Bruxelles, Mardaga, 1980).

Les difficultés relationnelles découlent donc souvent de troubles dans l'acquisition des compétences sociales. Ainsi :

> Quand on demanda à des enfants d'une école primaire d'expliquer comment ils procèdent pour devenir amis avec un autre ou éviter une dispute, les enfants « mal aimés » proposaient des moyens qui allaient à l'encontre du but recherché (quand on leur demandait ce qu'il fallait faire lorsqu'un autre enfant voulait le même jouet qu'eux, ils répondaient, par exemple, « lui donner un coup de poing » ou sollicitaient vaguement l'aide d'un adulte). Plus tard

ces enfants, au lieu de chercher de nouveaux moyens pour nouer des relations amicales, persistent dans leurs erreurs ou se comportent de manière encore plus maladroite. En observant ces enfants jouer, on constate qu'ils ont beaucoup plus tendance que les autres à tricher, à bouder, à se montrer mauvais perdants ou à se vanter quand ils gagnent.

D. Goleman, *L'Intelligence émotionnelle*,
Paris, Laffont, 1997, p. 313.

Les difficultés relationnelles peuvent donc provenir de traits de caractère ou de personnalité, d'aptitudes ou de compétences propres à l'individu ; mais il est important de souligner que ces aptitudes, ces compétences ou ces traits résultent eux-mêmes de contextes et d'apprentissages interactionnels. Si les processus intrapsychiques influencent à l'évidence les fonctionnements relationnels, ces mêmes processus sont, à leur tour, largement déterminés par les contextes interactionnels à travers lesquels l'individu s'est construit.

C'est donc en étudiant les mécanismes de la communication et les perturbations qui peuvent les affecter que l'on peut le mieux saisir la nature des problèmes relationnels.

Toutes les notions que nous avons présentées antérieurement et qui nous aident à décrire et analyser la communication doivent nous servir aussi à comprendre ses dysfonctionnements. Plus précisément, nous aborderons quatre sources principales de problèmes : la confusion des niveaux de communication ; les effets de feed-back ; la dynamique des rapports de places ; et l'impact des mécanismes de défense.

2. Confusion des niveaux de communication

On a vu qu'il y avait plusieurs niveaux dans la communication. Par exemple, le contenu et la relation : parfois les interlocuteurs s'opposent sur le contenu alors que c'est la relation qui est en cause, ou inversement. Par exemple, Luc et Olga discutent longuement, comme chaque année, pour savoir où se passera la fête de Noël – chez les parents de Luc ou chez les parents d'Olga ; ils comptabilisent précisément les visites chez les uns et les autres. À travers ce contenu, c'est un problème relationnel qui est posé : qui doit prendre la décision et quelle est la famille qui compte le plus ? En définitive, cette discussion, comme bien d'autres, exprime une relation où dominent le rapport de forces et la recherche constante de symétrie pour tempérer ce rapport.

La confusion peut se faire de même entre l'expression verbale et non verbale, le digital et l'analogique (notamment lorsqu'il y a discordance entre ces niveaux d'expression).

3. Les effets de feed-back

On peut distinguer deux types de feed-back : un qui va dans le même sens que le message (dit « positif ») et un qui va dans le sens opposé (dit « négatif »). Par exemple, dans un couple, une dispute naît. « J'en ai marre », dit la femme, « Tu m'énerves ». Deux réponses sont possibles pour son partenaire : « Toi aussi tu m'énerves, tu es insupportable » (feed-back positif qui va amplifier le conflit) ; ou alors « Allons, je suis navré si je t'ai agacée, on ne va tout de même pas se disputer » (feed-back négatif qui s'efforce de freiner le conflit). Lorsqu'il y a conflit, le feed-back positif, qui est souvent le premier réflexe, conduit à l'« escalade symétrique » qui fait que chacun renchérit sur l'autre... et qu'au bout d'un moment, la vaisselle commence à voler.

L'absence de feed-back ou un feed-back confus (comme lorsqu'à la question « Ça ne va pas ? », on répond « Si, si, tout va bien » avec une mine renfrognée) perturbe aussi la communication.

4. Identité et rapport de places

Si à travers la communication on recherche très souvent la reconnaissance et la confirmation de son identité, l'infirmation est une source majeure de difficulté relationnelle et de souffrance psychologique.

Elle peut prendre la forme du *rejet* : le partenaire conteste la définition de soi et de la relation qui lui est proposée. On peut prendre l'exemple d'un couple dans lequel le mari, Jacques, annonce un soir à sa femme – Chantal – qu'il a pris des billets pour une pièce de théâtre. À sa grande surprise, elle réagit mal : « Je n'accepte pas que tu fasses les choses sans me consulter. » Il plaide : « Mais je suis sûre que ça te fera plaisir » – « Peut-être, mais je préfère que tu m'en parles avant. » Ici, Chantal rejette la définition d'elle et de la relation que traduit le comportement de Jacques ; il la traite (avec une totale bonne conscience) comme une femme-enfant et instaure une relation dominant/dominé.

L'infirmation peut aussi prendre la forme plus pernicieuse du *déni* dans lequel c'est la personnalité de l'autre qui est ignorée ou niée. Ronald Laing a bien analysé les conséquences du déni sur l'individu :

> Quelle que soit la manière dont il sent et agit, quel que soit le sens qu'il donne à sa situation, ses sentiments sont dépouillés de leur valeur et ses actes le sont de leurs motifs, de leurs intentions et de leurs conséquences, le sens de la situation lui est ravi, si bien qu'il est complètement mystifié et aliéné.
>
> *Soi et les Autres*, trad. Paris, *op. cit.*

D'une façon plus générale, tout rapport de places figé, à partir du moment où il ne convient plus à l'un des partenaires, pose problème. On constate cependant que c'est le plus souvent le rapport hiérarchique de nature subjective qui entraîne des complications. Placer autrui en position « basse » est souvent un moyen de se sentir soi-même en position « haute » ; mais la position basse est une place inconfortable et dévalorisante ; elle suscite à un moment ou à un autre une résistance et une contestation.

D'ailleurs, lorsque l'on examine les motivations des sujets à se placer en position haute ou en position basse, on s'aperçoit qu'elles sont souvent ambivalentes, comme l'a finement analysé Paul Diel (*Psychologie de la motivation*, Paris, Payot, 1991). Se vouloir supérieur aux autres est souvent une surcompensation à un sentiment d'infériorité ; et ce sentiment provient lui-même d'une surévaluation d'autrui. Ainsi, le rapport hiérarchique subjectif n'est souvent qu'un moyen de lutter contre le rapport inverse existant au niveau inconscient. Ce qui le rend instable et vulnérable, et en fait une source majeure de conflits. Apportons un exemple. Solange vient d'un milieu modeste et ressent comme un manque le fait de n'avoir pu poursuivre ses études. Lorsqu'elle se trouve face à des personnes qu'elle pense être plus cultivées qu'elle,

elle a tendance à les surestimer et à les idéaliser ; par comparaison, elle se sent elle-même dévalorisée (« Je ne sais rien, je suis nulle, je n'ai pas de culture… »). Cette auto-dévalorisation est projetée sur les autres (« Ils me prennent pour quoi ? Ils pensent que je suis idiote, ils me trouvent inintéressante… ») ; ce qui entraîne un mouvement d'accusation et d'agressivité à leur égard (« Ils cherchent à m'écraser avec leur savoir ! Ils n'ont aucune considération, aucun respect pour les gens comme moi… »). Ainsi, la « surestime » des autres peut voisiner avec une « sous-estime » (« Au fond, avec tout leur savoir, ils ne valent pas mieux que moi ; ils n'ont pas de cœur, pas de qualités humaines ; alors que moi… »). Pour compenser son sentiment d'infériorité, Solange est très avide de marques de considération ; elle a besoin qu'on lui fasse constamment des compliments. En même temps, elle doute qu'ils soient sincères. Dans sa conscience la plus intime, elle préserve une image idéalisée d'elle-même ; elle pense qu'elle a des qualités de cœur et d'intelligence qui auraient pu être exceptionnelles si on lui avait donné sa chance ; elle a une jolie voix et elle rêve qu'elle aurait pu devenir une artiste célèbre, tout en s'en défendant (« Je ne voudrais pas paraître prétentieuse… »). Alors les autres ne l'auraient pas considérée « de haut ».

On perçoit à travers cet exemple comment se relient des sentiments en apparence confus et contradictoires (*cf.* A. Bavelier, *L'Homme et ses motivations*, Paris, Retz, 1998) : comment la vanité plus ou moins apparente est un moyen de lutter contre une faible estime de soi ; comme cette auto-dévalorisation s'accompagne d'une survalorisation d'autrui ; comment cette survalorisation entraîne des sentiments d'envie et d'agressivité qui peuvent alimenter une relation ambivalente où la dévalorisation d'autrui accompagne sa survalorisation et nourrit un rapport de forces visant à inverser le rapport de places. Bien sûr, ce jeu complexe a une dimension intrapsychique ; mais il a aussi une dimension interactionnelle dans laquelle autrui est lui aussi impliqué et peut intervenir pour confirmer le jeu ou le remettre en cause.

Un autre aspect du rapport de places est que chacun perçoit et évalue la relation à partir du point de vue qui est le sien ;

mais en même temps, chacun pense que sa perception correspond à la réalité. Pour expliciter cet aspect, on peut reprendre l'exemple de Jacques et Chantal et les laisser poursuivre leur dialogue :

– Jacques : « Si je ne te consulte pas, c'est que tu es souvent indécise et que tu ne proposes rien ; alors il faut bien que je prenne des initiatives. »
– Chantal : « Je ne propose rien car de toute façon, c'est toi qui décides ».

On constate que chacun voit dans l'attitude de l'autre la cause de son propre comportement. C'est ce que l'approche systémique appelle une « ponctuation discordante » de la relation (elle introduit une causalité linéaire externe – chacun croyant réagir au comportement de l'autre – là où est à l'œuvre une causalité circulaire, dans le sens où chaque comportement de l'un renforce le comportement de l'autre et est donc à la fois cause et effet).

5. Les mécanismes de défense

Les mécanismes de défense communicationnels visent à assurer une protection des interactants et de la relation. Cependant, ils se traduisent très souvent par une fuite ou une déformation de la communication. Dans ce sens, ils la rendent plus confuse et sont à l'origine de nombreux malentendus. Un exemple : deux étudiantes, Anne et Corinne, se voient proposer ensemble un stage par leur professeur. Anne se tourne vers Corinne : « Si ça t'intéresse, prends-le. » Corinne accepte vivement : « C'est gentil, d'accord, ça m'intéresse, je le prends. » En sortant, Corinne sent un malaise et interroge Anne : « Ça te va ? » Après quelques hésitations, Anne avoue qu'elle aurait voulu prendre le stage mais qu'elle n'a pas osé le dire et qu'elle en a voulu à Corinne de ne pas sentir son désir et d'accepter si vite sa proposition. On voit comment une réaction de défense face à l'affirmation de son désir peut être source de perturbations dans la relation.

On peut ranger dans les mécanismes de défense le défaut de *métacommunication*. La métacommunication est un moyen essentiel de régulation de la relation. Elle amène à s'interroger et à dialoguer sur les difficultés mêmes de la communication. Cependant, cette démarche se heurte à des résistances. Par soucis de ne pas heurter autrui, ou par anticipation négative de ses réactions, on hésite à lui dire qu'on ne l'a pas compris, ou que sa façon de voir les choses ne nous convient pas, ou que quelques aspects de la relation nous posent problème. C'est aussi quelquefois l'autre qui n'accepte pas de métacommuniquer parce qu'il vit cette démarche comme une remise en cause de lui-même, de sa place ou de la relation.

Le défaut de métacommunication empêche de résoudre les difficultés au fur et à mesure qu'elles surgissent. Le malentendu, la tension, la rancœur s'installent et deviennent, à leur tour, sources de problèmes. L'exemple de Jean et Lucie illustre ce processus cumulatif. Ils sont mariés depuis un an et déjà au bord de la rupture ; en dernière tentative, ils consultent un conseiller conjugal. Un rapide échange révèle un problème sexuel dans le couple qu'ils n'ont jamais osé aborder entre eux. Souvent Lucie repousse les avances de Jean qui pense alors qu'elle ne le désire plus ou a peut-être un amant. Cette supposition fait beaucoup rire Lucie qui explique que les choses sont en fait plus simples : Jean ne tient pas assez compte de son désir à elle ; elle veut pouvoir prendre son temps, avoir elle aussi l'initiative ; et ce n'est pas forcément au moment du coucher qu'elle se sent la plus désirante. Elle souffre du comportement de Jean qui ne veut pas comprendre et qui est devenu tendu et agressif ; et ce climat n'est pas favorable pour elle à un rapprochement sexuel, ce qui tend à perpétuer et renforcer le « problème ». Cette seule « métacommunication », favorisée par le conseiller conjugal, a suffi pour résoudre le problème et rétablir une bonne relation dans le couple.

- **Le défaut de congruence**

En définitive, si les mécanismes de défense sont sources de problème, c'est que d'une façon ou d'une autre, ils entraînent un défaut de *congruence* chez les interlocuteurs : une distorsion s'introduit entre ce qu'ils ressentent et ce qu'ils pensent, entre leur communication verbale et leur communication non verbale, entre ce qu'ils éprouvent et ce qu'ils disent. Il en résulte un manque de transparence et une confusion de la communication qui retentit sur la relation.

Carl Rogers a bien souligné la place centrale qu'occupe la congruence dans les communications interpersonnelles :

> Plus la congruence de l'expérience de la conscience et de la communication de la part d'un individu est grande, plus la relation entraînera : une tendance à une compréhension mutuelle plus exacte des communications ; un ajustement et un fonctionnement psychologique accrus chez tous les deux ; une satisfaction mutuelle dans leurs rapports.
>
> *Le Développement de la personne*, trad. fr., Paris, Dunod, 1968, p. 243.

II. UN EXEMPLE : LA COMMUNICATION PARADOXALE

On retrouve plusieurs des facteurs perturbants que l'on vient d'analyser dans une forme particulière de communication, la *communication paradoxale*, mise en lumière par Gregory Bateson (*cf. Vers une écologie de l'esprit*, trad. Paris, Le Seuil, t. II, 1980). L'École de Palo Alto a pu montrer que cette forme de communication se retrouvait dans les familles où un enfant présentait des symptômes de type schizophrénique.

Un paradoxe est un message dont la structure comporte une telle contradiction interne qu'il communique en même temps deux sens incompatibles (comme l'injonction « Sois spontané » ; car, par définition, on ne peut être spontané sur commande). G. Bateson a montré que lorsque cette forme de communication s'instaurait entre une mère et son enfant, cela créait un type particulier de relation qu'il a appelé une situation de « double contrainte » (*double bind*). On peut l'illustrer de la façon suivante : la mère exprime verbalement son amour à son enfant ; mais chaque fois que celui-ci se rapproche d'elle physiquement, elle le repousse. Ainsi, l'enfant reçoit par deux canaux différents deux messages incompatibles qui se nient l'un l'autre : verbalement : « Je t'aime » ; et de manière non verbale : « Je ne te supporte pas. » S'il croit au premier message, il se rapproche de sa mère et se trouve « puni » par son rejet ; s'il intériorise le second message et se montre agressif, il sera accusé de méchanceté par sa mère (donc, là aussi, « puni »). Ce qui rend la communication paradoxale si perturbante (pouvant même instaurer chez l'enfant un état de confusion désigné comme « folie »), c'est que l'enfant n'a pas les moyens d'échapper à ce jeu par la métacommunication ; car, s'il interroge sa mère sur l'amour qu'elle lui porte, celle-ci lui renverra que le fait même d'oser poser une telle question est une preuve supplémentaire de sa « méchanceté ».

Toutes les communications paradoxales ne sont pas aussi pathogènes ; mais elles sont souvent perturbantes et entraînent toujours un sentiment de confusion dans la relation. C'est le cas, par exemple, de ce directeur qui demande à ses collaborateurs d'être autonomes et responsables mais qui leur reproche en même temps de ne pas le consulter avant chacune de leurs initiatives. C'est aussi le cas chaque fois que l'on demande à autrui d'adopter un comportement qui, par sa nature même, ne peut être que spontané : « Désire-moi », « Sois heureux », « Je veux que tu me domines », « Fais ce que j'attends de toi, mais sans que je l'exprime »... Autant d'attitudes qui ne sont pas si exceptionnelles dans les relations humaines (*cf.* E. Marc et D. Picard, *L'École de Palo Alto*, *op. cit.*). Les relations paradoxales enferment souvent les protagonistes dans un « jeu sans fin » destructif pour chacun mais dont ils n'arrivent pas à sortir, comme le montre l'exemple suivant :

Gilles, un jeune homme de vingt-six ans, vit avec sa mère, Martine, divorcée depuis plusieurs années. Elle a voulu « tout faire » pour son fils, pour qu'il ne souffre pas du divorce ; elle lui a tout « sacrifié ». Elle lui procure une vie facile, s'occupant des courses, du ménage, des repas, lui achetant tout ce qu'il désire. Gilles se laisse porter ; il a échoué dans ses études et cherche mollement du travail. Souvent, sa mère lui reproche son manque d'initiative, sa paresse, sa dépendance envers elle qui doit gagner durement la vie pour eux deux ; en plus, « il ne bouge pas le petit doigt pour l'aider un peu ! ». Pourtant, elle supporte difficilement qu'il la menace de quitter la maison. De son côté, Gilles se plaint de cette mère étouffante et possessive qui n'arrête pas de le harceler ; mais il ne fait rien pour pouvoir réellement être autonome. Et leur vie se poursuit dans des querelles incessantes, chacun étant pris dans des doubles messages dont il n'est pas conscient (« Je veux que tu sois autonome et je fais tout pour te rendre dépendant » ; « Je veux être autonome et je fais tout pour rester dépendant »).

III. LE CONFLIT

Les difficultés de communication, lorsqu'elles perdurent et s'accumulent, peuvent entraîner une situation de conflit. La relation bascule de la coopération vers l'antagonisme. Mais le conflit peut naître aussi d'une opposition d'opinion, de valeur ou d'intérêts ; il accompagne souvent les relations de pouvoir où l'un cherche à imposer à l'autre son point de vue.

On souligne souvent la fonction positive du conflit qui permet la discussion, la négociation, la modification des positions et l'évolution de la relation. Mais il est très rarement ressenti comme tel par les gens. C'est quelque chose qui fait peur, que l'on cherche à éviter et que l'on fuit le plus souvent quand il se présente. Cette attitude est certainement motivée par le fait que le conflit génère des émotions pénibles : tension, angoisse, hostilité, agressivité, sentiment d'être attaqué…

Il y a aussi la peur que le conflit ne devienne explosif, qu'il déchaîne la haine et la violence et qu'il n'amène une rupture de la relation ou la transforme définitivement en relation d'hostilité.

- **Les manifestations**

Ces appréhensions, si elles sont amplifiées par l'anticipation imaginative, sont largement validées aussi par la réalité. Le conflit, lorsqu'il ne peut être évité, entraîne le plus souvent une dégradation rapide de la relation. Il conduit à la recherche du « bouc émissaire » : chacun rejette sur l'autre la responsabilité de son déclenchement. On entre dans une spirale d'accusations mutuelles et d'auto-justifications ; longtemps contenus, la rancœur accumulée, les reproches, les sentiments d'incompréhension et d'injustice éclatent au grand jour. Chacun s'estimant attaqué se sent autorisé à se défendre et à rendre coup pour coup. La froideur, l'agacement, le mépris, la malveillance, l'agressivité verbale s'appellent mutuellement et envahissent tout le champ de la communication et de la relation.

Les protagonistes radicalisent leurs positions et refusent toute concession. L'adversaire est noirci, toute la culpabilité retombe sur lui ; une distance et une différenciation fortes sont ressenties à son égard. Alors que pour l'observateur extérieur, c'est la symétrie des attitudes et des sentiments qui frappent : c'est l'« escalade symétrique » dans laquelle les deux partenaires sont engagés et qui fait que le conflit s'entretient et s'amplifie de lui même. Qu'autrui ne reconnaisse pas la justesse de sa position provoque l'indignation. L'indignation nourrit la colère et l'agression ; et l'agression subie le désir de revanche. Le conflit peut alors entraîner la rupture de la relation : brouille (on ne se parle plus), divorce, procès, violences. Ou alors s'installer dans la durée et transformer la relation en guerre froide ou chaude.

Ainsi le conflit ne tend pas spontanément vers une résolution. C'est la force des liens affectifs, les désagréments engendrés ou l'obligation de continuer à vivre (ou à travailler) ensemble qui pousse les protagonistes à rechercher une solution permettant d'en sortir.

- **La résolution du conflit**

Le désir même de sortir du conflit favorise sa résolution. La condition en est d'échapper à l'escalade symétrique ; pour cela, il faut que chacun puisse se distancier de sa position subjective et prendre en compte la position de l'autre au lieu de la rejeter. C'est à travers une discussion ouverte où l'écoute remplace l'accusation que ce mouvement peut s'opérer.

Ainsi, une recherche menée sur les conflits dans les couples stables a montré que pour l'ensemble des couples interrogés, les conflits qui ont été résolus de manière satisfaisante l'ont été par l'intermédiaire d'une discussion (G. Moser, *Les Relations interpersonnelles*, *op. cit.*, p. 218). Là encore, c'est la possibilité de métacommuniquer qui apparaît décisive ; car elle fait passer les interactants d'une position d'antagonisme dans le conflit à une position de coopération pour sa résolution. Ce simple changement de position entraîne déjà une modification importante de la relation.

Si le conflit a pu être dépassé sans laisser trop de cicatrices, d'amertume ou de sentiments d'injustice, il peut alors constituer une chance d'évolution et de renforcement de la relation.

Conclusion

À l'issue de ce parcours, nous voudrions rappeler quel était notre projet. Nous n'avons voulu ni dresser un panorama exhaustif des recherches concernant les relations interpersonnelles, ni étudier les différents types et formes de relation.

Nous avons cherché avant tout à présenter un ensemble cohérent de concepts, de démarches et d'éléments théoriques qui peuvent être utilisés pour analyser toute forme de relation, avec l'idée qu'il existe des notions transversales qui peuvent s'appliquer à différents types de liens sans négliger la spécificité propre à chacun. C'est pourquoi nous nous sommes penchés à la fois sur les aspects structurels du phénomène relationnel et les moyens d'en rendre compte et sur les aspects fonctionnels, dynamiques et interactifs tels qu'ils peuvent être saisis au niveau des communications interpersonnelles.

C'est là ce qui distingue cet ouvrage d'autres livres portant sur le même thème dans lesquels les mécanismes cognitifs de la relation à autrui, les phénomènes de perception et d'attraction sont plus développés ; ou encore certaines formes spécifiques de relation comme l'amitié, l'amour ou les relations de travail…

Pour conclure, nous voudrions souligner quelques conceptions fondamentales qui ont sous-tendu notre démarche.

Le fait d'abord qu'aucun modèle – que ce soit le modèle psychanalytique, le modèle systémiste ou le modèle cognitiviste – ne peut à lui seul, et quelle que soit sa pertinence, rendre compte de tous les aspects du phénomène relationnel. Chacun n'apporte qu'un « point de vue » sur une réalité complexe dont il n'éclaire qu'une facette ; et c'est donc en multipliant les éclairages que l'on peut avoir une vision d'ensemble du phénomène étudié (qui laissera cependant toujours échapper quelques aspects). La « pureté » théorique est forcément réductrice et appauvrissante ; elle ne donne qu'une représentation tronquée de la réalité. C'est pourquoi nous nous sommes référés à plusieurs champs théoriques.

Mais n'y a-t-il pas alors le risque de s'engager dans une approche éclectique qui juxtaposerait des théories hétérogènes, voire incompatibles, et qui conduirait à un « mélange des genres » où chaque démarche perd son identité ?

C'est là que la notion de *niveau* a été pour nous importante. Nous avons été amenés à distinguer le niveau du sujet individuel et le niveau de l'interaction qui ne relèvent pas des mêmes logiques et des mêmes démarches. Au niveau intrapsychique, par exemple, c'est la psychanalyse qui est la plus à même de rendre compte du vécu subjectif de la relation dans ses aspects inconscients. Elle permet de montrer que la relation se déploie en partie dans une dimension imaginaire où opèrent des mécanismes tels que la projection, l'identification, l'intériorisation ou le transfert. Mais s'il s'agit, toujours dans l'ordre des processus intra-individuels, de prendre en compte la dimension cognitive de la perception d'autrui, ce sont alors les théories de la catégorisation, de l'attribution ou les théories implicites de la personnalité qui se révéleront les plus pertinentes. Cependant, lorsqu'on quitte le niveau du sujet individuel pour passer à celui de l'interaction, c'est l'approche systémique, centrée sur l'aspect actuel et dynamique de la relation, qui s'avère la plus éclairante.

Il est important, bien sûr, d'établir ensuite quels rapports s'instaurent entre ces différents niveaux. L'hypothèse que nous avons proposée selon laquelle l'intrapsychique est de l'interactionnel intériorisé et que l'interactionnel est, en partie, de l'intrapsychique projeté permet de construire une articulation entre le niveau du sujet et celui de l'interaction. Mais, comme nous l'avons montré, ces deux niveaux sont, à leur tour, surdéterminés par le niveau du contexte.

Enfin si, dans cette démarche, nous avons fait appel aussi bien à des approches cliniques qu'à des approches expérimentales, c'est que nous pensons qu'il peut y avoir une complémentarité entre ces méthodologies. Les premières nous permettent d'explorer les situations naturelles prises dans toute leur complexité et notamment dans leur dimension subjective ; les secondes sont à même de valider certaines hypothèses précises et bien délimitées dans une démarche plus objectivante. Mais là aussi, l'articulation des deux nous a semblé nécessaire pour une meilleure compréhension des relations et communications interpersonnelles.

Bibliographie

ANDRÉ C., LEGERON P. (1995). *La Peur des autres. Trac, timidité et phobie sociale*, Paris, Éditions Odile Jacob.

ANZIEU D. (1975). *Le Groupe et l'Inconscient*, Paris, Dunod.

ARGYLE M. (1975). *Bodily Communication*, Londres, Methuen & Co Ltd.

BANDURA A. (1980). *L'Apprentissage social*, Bruxelles, Mardaga.

BATESON G. (1971). *La Cérémonie du Naven*, trad. fr., Paris, Éditions de Minuit.

BATESON G. (1977 et 1980). *Vers une écologie de l'esprit*, t. I et II, trad. fr., Paris, Le Seuil.

BAVELIER A. (1998). *L'Homme et ses motivations*, Paris, Retz.

BERNE E. (1975). *Des jeux et des hommes*, trad. fr., Paris, Stock.

BOURDIEU P. (1982). *Ce que parler veut dire*, Paris, Fayard.

BOWLBY J. (1978). *Attachement et perte*, Paris, PUF.

CAMILLERI C. (éd.) (1990). *Stratégies identitaires*, PUF.

CAMPBELL A. (1981). *The Sense of Well Being in America : Patterns and Trends*, New York, McGraw Hill.

CAPLOW T. (1984). *Deux contre un*, trad. fr., Paris, ESF.

CLORE G., BYRNE D. (1974). « A reinforcement effect model of attraction », *in* T. HUSTON, *Foundations of Interpersonal Attraction*, New York Academy Press.

COSNIER J. (1994). *Psychologie des émotions et des sentiments*, Paris, Retz.

COSNIER J., BROSSARD A. (1984). *La Communication non verbale*, Neuchâtel, Delachaux & Niestlé.

CROZIER M., FRIEDBERG E. (1977). *L'Acteur et le Système*, Paris, Le Seuil.

DIEL P. (1991). *Psychologie de la motivation*, Paris, Payot.

DUBÉ L., BLONDIN J.-P., KAIROUZ S. (1991). « Happiness : What does it mean to people ? », Congrès annuel de la société canadienne de psychologie, *Canadian Psychology*, 32, 356.

DUCLOS S., LAIRD J. *et al.* (1989). « Emotion-specific effects of facial expression and postures on emotional experience », *Journal of Personaliy and Social Psychology*, 37, 1, 100-108.

EKMAN P., FRIESEN W.V., ELLWORTH P. (1972). *Emotion in the Human Face*, Pergamon Press.

EXLINE R.V. (1972). « Visual interaction : the glances of power and preference », *in* J.K. COLE (ed.), *Current Theory and Research in Motivation*, University of Nebraska Press.

FESTINGER L. *et al.* (1950). *Social Pressures in Informal Groups. A Study of Human Factors in Housing*, Standford University Press.

FISCHER G.-N. (1987). *Les Concepts fondamentaux de la psychologie sociale*, Paris, Dunod.

FISCHER G.-N. (1997). *La Psychologie sociale*, Paris, Le Seuil, coll. « Points ».

FREUD S. (1972). *Essais de psychanalyse*, trad. fr., Paris, Payot.

GIRARD A. (1964). *Le Choix du conjoint*, Paris, PUF.

GIRARD R. (1972). *La Violence et le Sacré*, Paris, Grasset.

GHIGLIONE R. (1986). *L'Homme communiquant*, Paris, A. Colin.

GOFFMAN E. (1973). *La Mise en scène de la vie quotidienne*, trad. fr., Paris, Éditions de Minuit.

GOFFMAN E. (1974). *Les Rites d'interaction*, trad. fr., Paris, Éditions de Minuit.

GOLEMAN D. (1997). *L'Intelligence émotionnelle*, Paris, Laffont.

HALL E.T. (1971). *La Dimension cachée*, trad. fr., Paris, Le Seuil.

HEIDER F. (1958). *The Psychology of Interpersonal relations*, New York, Wiley.

JAKOBSON R. (1963). *Essais de linguistique générale*, trad. fr., Paris, Éditions de Minuit.

JODELET D. (1983). « La représentation de corps, ses enjeux privés et sociaux », *in* J. HAINARD et R. KAEHR, *Le Corps en jeu*, Neuchâtel, Musée d'ethnographie.

JOULE R.V., BEAUVOIS J.-L. (1987). *Petit Traité de manipulation à l'usage des honnêtes gens*, Grenoble, Presses Universitaires de Grenoble.

JOURARD S. (1964). *The Transparent Self*, New York, Van Nostrand.

JOURARD S. (1971). *Self-Disclosure*, New York, Wiley.

KELLEY H., THIBAULT J. (1978). *Interpersonal Relation : A Theory of Interdependance*, New York, Wiley.

LAING R.D. (1969). *La Politique de l'expérience*, trad. fr., Paris, Stock.

LAING R.D. (1971). *Soi et les Autres*, trad. fr., Paris, Gallimard.

LAPLANCHE J., PONTALIS J.-B. (1968). *Vocabulaire de la psychanalyse*, Paris, PUF.

LEMAIRE J. (1979). *Le Couple, sa vie, sa mort*, Paris, Payot.

LIPIANSKY E.M. (1992). *Identité et Communication*, Paris, PUF.

MAISONNEUVE J. (1990). *La Dynamique des groupes*, Paris, PUF, coll. « Que sais-je ? ».

MAISONNEUVE J. (1993). *Psychosociologie de l'amitié*, Paris, PUF.

MAISONNEUVE J. (1995). *Les Conduites rituelles*, Paris, PUF, coll. « Que Sais-je ? ».

MARC E., PICARD D. (1984). *L'École de Palo Alto*, Paris, Retz.

MARC E., PICARD D. (1997). *L'Interaction sociale*, Paris, PUF.

MEAD G.H. (1963). *L'Esprit, le Soi et la Société*, trad. fr., Paris, PUF (éd. originale, 1934).

MORRIS D. (1977). *La Clé des gestes*, trad. fr., Paris, Grasset.

MOSCOVICI P. (sous la direction de) (1994). *Psychologie sociale des relations à autrui*, Paris, Nathan.

MOSER G. (1994). *Les Relations interpersonnelles*, Paris, PUF.

PIAGET J. (1970). *Épistémologie des sciences de l'homme*, Paris, Gallimard, coll. « Idées ».

PICARD D. (1983). *Du code au désir*, Paris, Dunod.

PICARD D. (1995). *Les Rituels du savoir-vivre*, Paris, Le Seuil.

PICARD D. (1998). *Politesse, Savoir-vivre et Relations sociales*, Paris, PUF, coll. « Que sais-je ? ».

RIVIÈRE C. (1995). *Les Rites profanes*, Paris, PUF.

ROGERS C. (1968). *Le Développement de la personne*, trad. fr., Paris, Dunod.

ROUDINESCO E., PLON M. (1997). *Dictionnaire de la psychanalyse*, Paris, Fayard.

RUBIN Z. « Measurement of romantic love », *Journal of Personality and Social Psychology*, 16, 265-273.

SARTRE J.-P. (1943). *L'Être et le Néant*, Paris, Gallimard.

SIMON P., ALBERT L. *Les Relations interpersonnelles*, Québec, Éditions Agence d'Arc Inc.

STERN D. (1981). *Mère-enfant, les premières relations*, Bruxelles, Mardaga.

SUE R. (1994). *Temps et Ordre social*, Paris, PUF.

WATZLAWICK P. *et al.* (1972). *Une logique de la communication*, trad. fr., Paris, Le Seuil.

WATZLAWICK P., WEAKLAND J. (éds.) (1981). *Sur l'interaction*, trad. fr., Paris, Le Seuil.

WILLET G. (sous la direction de) (1992). *La Communication modélisée*, Ottawa, ERPI.

WINCH R. (1958). *Mate Selection, a Study of Complementary Needs*, New York, Harper.

WINKIN Y. (1996). *Anthropologie de la communication*, Bruxelles, De Boeck Université.

WINNICOTT D.W. (1975). *Jeu et Réalité*, trad. fr., Paris, Gallimard.

Index des notions

Index des noms propres

044015-(II)-(1)-OSB-80°-PPC-GDE
Imprimé en France sur les presses de l'Imprimerie Moderne de l'Est
3, rue de l'Industrie - 25110 Baume-les-Dames
N° imprimeur : 16122
Dépôt légal : novembre 2002